FOOD FIGHTS, PUZZLES, AND HIDEOUTS:

GAMES, PROJECTS, AND ACTIVITIES THAT MIX IN MATH

让学生爱上数学的48个游戏

[美]
玛琳·克利曼 Marlene Kliman
瓦莱丽·马丁 Valerie Martin
纽丽·若莫-帕斯奎尔 Nuria Jaumot-Pascual

中国青年出版社
CHINA YOUTH PRESS
中青文传媒

图书在版编目(CIP)数据

让学生爱上数学的48个游戏/(美)克利曼,(美)马丁,(美)若莫-帕斯奎尔著;张晓晗译
—北京:中国青年出版社,2014.7
书名原文:Food fights, puzzles, and hideouts: games, projects, and activities that mix in MATH
ISBN 978-7-5153-2620-7

Ⅰ.①让… Ⅱ.①克…②马…③若…④张… Ⅲ.①智力游戏-青少年读物 Ⅳ.①G898.2
中国版本图书馆CIP数据核字(2014)第185632号

Food Fights, Puzzles, and Hideouts: Games, projects, and activities that mix in MATH
Copyright © 2013 TERC
Simplified Chinese translation copyright © 2015 by China Youth Press
All rights reserved.

让学生爱上数学的48个游戏

作　　者：〔美〕玛琳·克利曼　瓦莱丽·马丁　纽丽·若莫-帕斯奎尔
译　　者：张晓晗
责任编辑：胡莉萍
美术编辑：张燕楠
出　　版：中国青年出版社
发　　行：北京中青文文化传媒有限公司
电　　话：010-65511270/65516873
公司网址：www.cyb.com.cn
购书网址：zqwts.tmall.com
印　　刷：大厂回族自治县益利印刷有限公司
版　　次：2015年1月第1版
印　　次：2020年8月第4次印刷
开　　本：787×1092　1/16
字　　数：60千字
印　　张：9.5
京权图字：01-2014-2407
书　　号：ISBN 978-7-5153-2620-7
定　　价：36.00元

版权声明

未经出版人事先书面许可,对本出版物的任何部分不得以任何方式或途径复制或传播,包括但不限于复印、录制、录音,或通过任何数据库、在线信息、数字化产品或可检索的系统。

中青版图书,版权所有,盗版必究

目 录

关于本书 …………………………………………… 007
充分利用本书 ……………………………………… 010
作者简介 …………………………………………… 011

数字游戏

封锁游戏 …………………………………………… 015
填字母,组名字 …………………………………… 017
神秘数字 …………………………………………… 019
"抢银行" …………………………………………… 021
算面值 ……………………………………………… 023
"抢硬币" …………………………………………… 025
取硬币 ……………………………………………… 027
得七游戏 …………………………………………… 029
抢占100 …………………………………………… 031
猜面值 ……………………………………………… 034
猜物品 ……………………………………………… 036

动手制作

搭建藏身处 ………………………………………… 041

垒土豆 ·· 043

盖滑梯 ·· 045

制作故事书 ······································ 047

猜数量 ·· 049

猜数量（升级）·································· 051

种植物 ·· 053

制作大家伙 ······································ 055

攒钱计划 ·· 057

自制拼图 ·· 059

食物游戏

猜籽数 ·· 063

猜食用量 ·· 065

猜食物 ·· 067

食物大战 ·· 069

平均分配 ·· 071

派对策划 ·· 073

测量大小 ·· 075

加倍加量 ·· 077

团队游戏

动物奥运会 ······································ 081

报数考反应 ······································ 083

学习测量 ·· 085

寻人游戏	087
快速问答	089
合作编故事	091
分组游戏	093
拼图游戏	095
一起排队	097
筑塔游戏	099

随时随地

数一数	103
墙壁寻宝	105
为生活打分	107
整理游戏	109
倒计时	111
分秒必争	113

记事日历

一月：行动起来	117
二月：随心创造	119
三月：观察天气	121
四月：抓住诗歌的节拍	123
五月：走进大自然	125
六月：研究动物	127
七月：硬币游戏	129

八月：发挥想象力 ················· 131

九月：环游世界 ··················· 133

十月：破解代码 ··················· 135

十一月：我来做主厨 ··············· 137

十二月：来做游戏吧 ··············· 139

100天纪念：百日庆祝 ·············· 141

数学标准：共同核心联系 ········· 143

关于本书

你喜欢做游戏吗？或者喜欢建模型？喜欢吃零食？或者和朋友聊天？喜欢跑跑跳跳？或者探索和发现？

以上任何一个问题，如果你的回答是"喜欢"，那么你一定会喜欢本书，因为这本"寓数于乐"的有趣小书将为你量身打造：

✹ **数字游戏**

猜面值，掷骰子，棋牌游戏等，动静结合。

玩起来！你将享受到单人获胜或团队共赢的喜悦！

✹ **动手制作**

用日常生活的材料，如纸卷筒或者纸箱，自己动手设计、搭建、制造。

✹ **食物游戏**

在吃饭、做饭，或策划派对的同时启发调查能力，做游戏。

✹ **团队游戏**

破冰游戏，聚会游戏，多人参与的对战游戏。

✹ **随时随地**

活动可以随时随地地举办，在汽车里、飞机上、候车室、餐桌上。

✹ **假日必备**

不论大节（如国庆节）小节（如个人生日），游戏都是假日必备。对于百日庆祝，我们也有新奇的好点子。

FOOD FIGHTS, PUZZLES, AND HIDEOUTS: GAMES,
PROJECTS, AND ACTIVITIES THAT MIX IN MATH

这些游戏、手工与活动和数学有关系吗？答案是密切相关！在玩"填字母，组名字"游戏（见第17页）的时候，数学就在你运用的策略中；在玩"搭建藏身处"（见第41页）的时候，数学就在你搭建的卷筒结构中；在玩"食物大战"（见第69页）的时候，数学就在你分配的食物量中；在玩"动物奥运会"（见第81页）的时候，数学就在你走过的距离中；在玩"为生活打分"（见第107页）的时候，数学就在你给出的评分中；在玩"四月：抓住诗歌的节拍"（见第123页）的时候，数学就在你制作的表格中。

不论你以前喜不喜欢数学，一旦翻阅这本书，你就会发现，数学与你喜欢做的事情密切相关，所以赶快开始玩游戏，做手工，参与活动吧！

本书目的

我们相信创意、娱乐和社交是学习的重要组成部分。本书将这些内容融入数学学习中，目的在于增强数学学习的趣味性，帮助学生习得相关内容及技能。

我们着手于孩子在学校和课外及公共图书馆的娱乐性活动、游戏和项目，强调主题中蕴含的数学原理，或者与数学之间千丝万缕的联系。为了确保本书内容切实丰富，由美国国家科学基金会提供部分资金支持，我们历时15年，在一系列非正式项目（课外、家庭及公共图书馆活动）和正式项目（学术活动、课堂辅导及学校活动）中进行了广泛的试行试验。研究显示，通过阅读本书，成年人和孩子们都习得了数学技能，增强了学习数学的自信心，体会了数学在日常生活中的作用，并对数学学习保持着积极态度。

关于本书

本书读者群

本书为所有人群设计。不论是小孩还是大人，数学高人还是数学菜鸟，不论是家长还是老师，课外辅导者还是托儿保姆，本书男女老少咸宜。书中的游戏、项目和活动主要为小学生设计，但是大孩子和成年人也能从中享受乐趣，挑战自我，它包括单人游戏、小组游戏，还有适用于家庭、聚会、课外活动、学校活动的团体游戏，应有尽有。

本书包含的数学知识

本书涉及的活动、游戏及项目契合小学"跨州共同核心数学课程标准"的关键主题，书中的众多理念具有跨学科性，涵盖工程、科学、社会学习及识字能力等多方面的知识。

充分利用本书

本书包含48个主体游戏、活动和项目以及形式更为丰富的扩展游戏。以任何顺序阅读都可以。

每一项游戏、活动和项目皆包含以下信息：

游戏难度：每项游戏都有难度等级，分为"简单""中等"和"较难"。幼儿园和小学低年级学生可以选择"简单"；四五年级学生选择"较难"。另外，鉴于不同年龄段能力差异很大，也可以从"简单"等级玩起，逐渐增加难度。

游戏人数：参与活动的最佳人数，或单人，或双人，或多人。

所需材料：有些游戏不需要额外材料，有些则需要日常用品作材料。

思考讨论：提供讨论与思考。

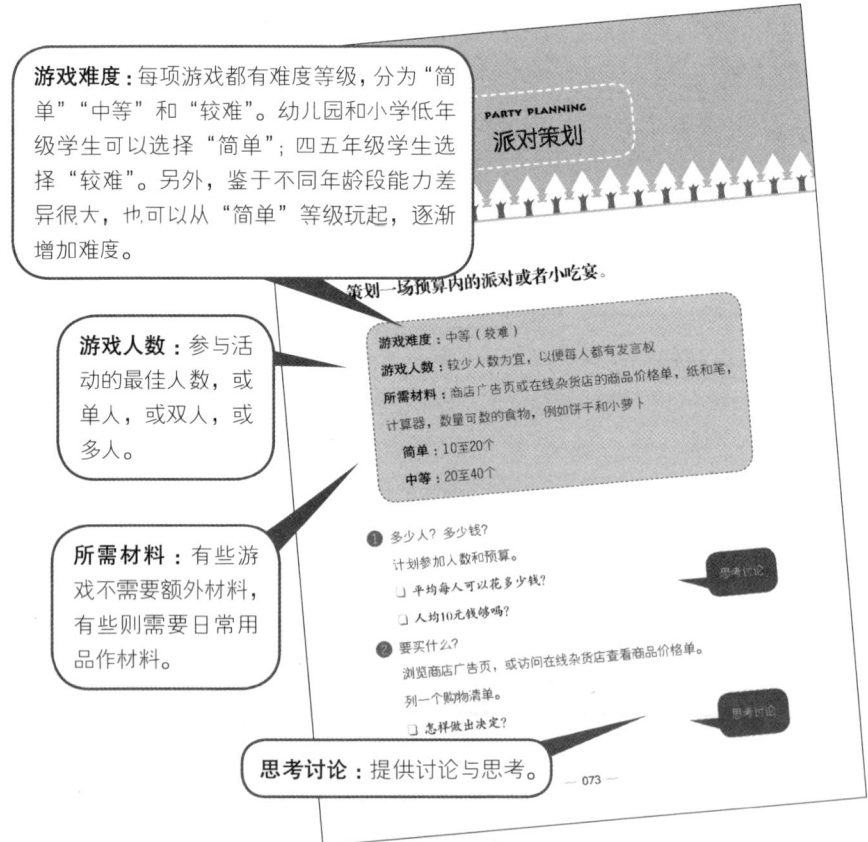

作者简介

玛琳·克利曼，科技教育研究中心的资深科学家和"寓数于乐"项目部主任，为儿童课内外数学学习贡献了30年基于研究的资源开发经验。作为"寓教于乐"课外数学项目首席研究员（该项目由美国国家科学基金会提供资金支持），她与多家教育组织展开广泛合作，包括课后项目、公共图书馆、家教中心等。她曾在莱斯礼大学指导小学实习教师的数学教学。玛琳于哈佛大学数学专业获得学士学位，于麻省理工学院学习与认识论专业获得硕士学位。

瓦莱丽·马丁，科技教育研究中心的资深网页平面设计师，擅长以清晰、具有视觉吸引力的方式传达数学和科学理念。她着手为广泛的受众设计网络和纸媒课程、游戏以及教育资源，其受众包括儿童、家长、学前教师、成人教育教师和博物馆教育工作者。瓦莱丽拥有纽约州立大学宾汉姆顿大学法语与德语文学专业学士学位，并进修平面设计和网页设计开发专业。

纽丽·若莫–帕斯奎尔，科技教育研究中心的助理研究员，作为学前和课后教师、教师指导员和教育研究员，她在西班牙和美国拥有20年双语（西班牙语/英语）教学经验。纽丽拥有巴塞罗那大学校外教育学学位，得克萨斯州大学奥斯汀分校的人类学学位，加泰罗尼亚-奥贝尔塔大学教育心理学学位以及哈佛大学的组织行为学学位，目前正在攻读佐治亚大学教育学博士学位。

数字游戏

投硬币、掷骰子、棋牌游戏等,动静结合。
玩起来!单人获胜或者团队共赢!

主要内容

封锁游戏	015
填字母,组名字	017
神秘数字	019
"抢银行"	021
算面值	023
"抢硬币"	025
取硬币	027
得七游戏	029
抢占100	031
猜面值	034
猜物品	036

相关游戏

食物游戏

猜食物 ·· 067

食物大战 ·· 069

团队游戏

动物奥运会 ·· 081

报数考反应 ·· 083

寻人游戏 ·· 087

快速问答 ·· 089

拼图游戏 ·· 095

一起排队 ·· 097

随时随地

数一数 ·· 103

墙壁寻宝 ·· 105

整理游戏 ·· 109

封锁游戏
BLOCKADE

画矩形阻截其他玩家！不要被阻截到哟！

> 游戏难度：中等（较难）
>
> 游戏人数：2至3人
>
> 所需材料：一张方格纸，每人一支笔

🖉 游戏准备

制作游戏棋盘，画一个横格12竖格16的棋盘。

① 在棋盘上画出一个12格子的矩形。

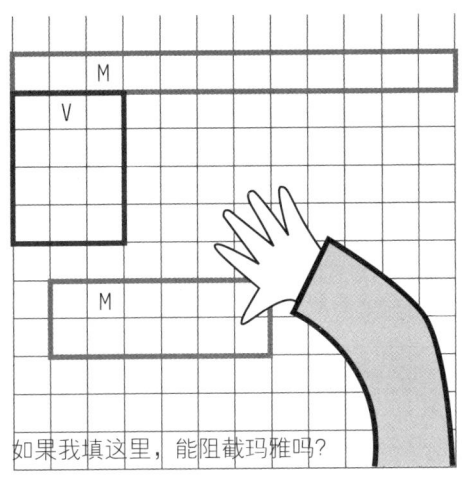

- 怎么决定矩形的长度和宽度呢?
- 阻截到其他玩家了吗?怎么做到的?

② 轮流画矩形,不能再画则游戏结束。

最后一个画出矩形的人获胜!

★ 扩展游戏

共赢(中等):所有参与者轮流画12格矩形,矩形总数越多越好。

封锁24格(中等):画24格矩形。

6格图形(较难):轮流画6格图形,各图形至少一边重合。图形形状不能重复。最后一个画出不同图形的人获胜!

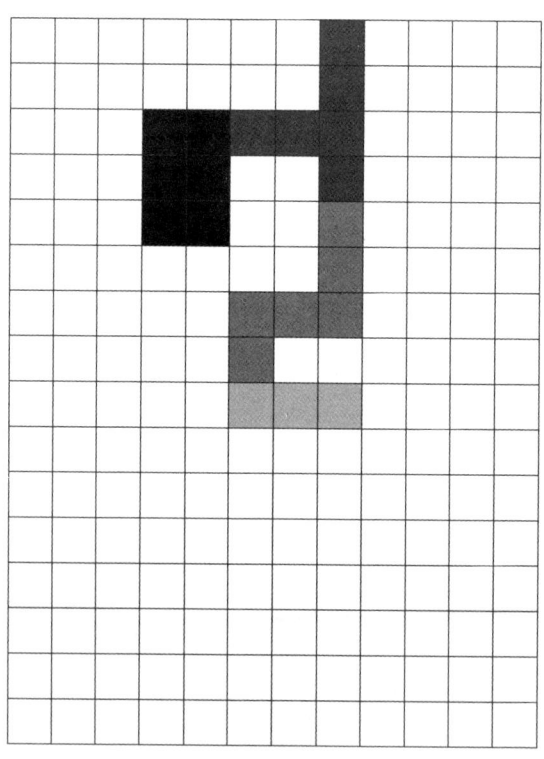

NAME GAME
填字母，组名字

在棋盘上填写自己的名字，越多越好，最后一个填写的人获胜！

- 游戏难度：中等（较难）
- 游戏人数：2至3人
- 所需材料：一张纸，每人一支笔

✏️ 游戏准备

制作游戏棋盘，画一个横格12竖格12的棋盘。

① 在棋盘上填写自己的英文名字，横填或竖填，每字母一格。

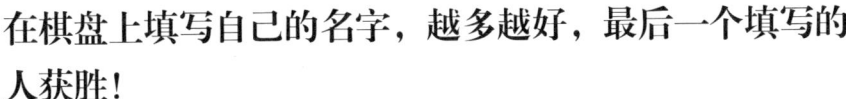

如果我写在这儿，就能成功阻截卡罗！

FOOD FIGHTS, PUZZLES, AND HIDEOUTS: GAMES, PROJECTS, AND ACTIVITIES THAT MIX IN MATH

- 你能填几次名字呢?
- 阻截到其他玩家了吗?怎么做到的?

思考讨论

② 轮流填字,不能再填则游戏结束。

最后一个写出名字的人获胜!

用昵称"Tony"比"Anthony"更简短呢。

★ 扩展游戏

昵称(中等):使用昵称和名字缩写,降低游戏难度。

不同格数(较难):棋盘设置为9×9或者15×15。哪种更难或更简单?

共赢(中等,较难):所有玩家轮流填写名字,名字总数越多越好。

SECRET NUMBER
神秘数字

收集线索找出神秘数字。

> 游戏难度：简单，中等，较难
>
> 游戏人数：3至5人，详见扩展游戏"两人游戏"
>
> 所需材料：每人准备纸和笔

◆ 游戏准备

决定一人当法官，由他秘密选出一个数字。

简单：从数字1到20中挑选

中等：从数字1到50中挑选

较难：从数字1到100中挑选

然后说出数字所在的范围：这个数字是1到50之间的。

玩家写下这个范围内的数字。

1	2	3	4	5	6	7	8	9	10
11	12	13	14	15	16	17	18	19	20
21	22	23	24	25	26	27	28	29	30
31	32	33	34	35	36	37	38	39	40

轮流进行。你要做的:

① 问一个问题,由法官回答"是"或"不是",以帮助猜数字,但不能直接询问自己所想数字是不是神秘数字。

☐ 法官回答问题。

☐ 玩家逐个画掉被排除的数字。

② 轮流猜数字,猜中则游戏结束。

☐ 你能不能想出一个问题,不论法官回答是或不是,都可以一下排除3个以上的数字呢?

☐ 如果你问法官"是不是偶数",法官回答"不是",你可以排除哪些数字呢?

猜出神秘数字的人获胜!

★ 扩展游戏

两人游戏(简单,中等,较难):玩两轮游戏,两人轮流当法官。以最少的问题猜出数字的人获胜!

共赢(简单,中等,较难):所有玩家一起猜,问题总数越少越好。

ROLL THE BANK
"抢银行"

感觉手气好?快掷骰子把"银行"里的钱拿光吧!

> **游戏难度:**中等(较难)
>
> **游戏人数:**2至4人
>
> **所需材料:**一个骰子或者数字魔方,一卷胶带,一支笔,硬币或者小物件,如回形针、纽扣等——每个玩家准备10个,"银行"里存10个

✏ 开始之前

在骰子的每一面分别写上+1,-1,0,+1/2,-1/2和再扔一次。

✏ 游戏准备

每个玩家拿10枚硬币,将另10枚硬币放在玩家中间做"银行存款"用。

✏ 轮流掷骰子。你要做的:

① 掷骰子。

② 如果扔出:

    +1   从"银行"拿走一个硬币。

    -1   拿出自己的一个硬币放进"银行"。

FOOD FIGHTS, PUZZLES, AND HIDEOUTS: GAMES,
PROJECTS, AND ACTIVITIES THAT MIX IN MATH

0	不拿走"银行"的硬币也不拿出自己的硬币。
+1/2	从"银行"拿走一半※硬币。
-1/2	拿出一半※硬币放进"银行"。
再扔一次	你可以再扔一次骰子。

③ 失去所有硬币,你就输了。

④ 拿走"银行"里最后一枚硬币,你就赢了。

☐ 如果扔到了"再扔一次",怎么确定自己要不要再扔呢?

思考讨论

★ **扩展游戏**

抢一半(较难):如果扔到+1/2,从"银行"拿走一半硬币,或者从其他任一玩家手中拿走一半硬币。

※ 如果剩余硬币数量是奇数,选择比这一数字大的最小偶数,取一半数量。例如,剩余7枚硬币,则取8枚硬币的一半,4枚。剩余1枚,则取1枚。

HEADS UP
算面值

掷出多枚硬币,算出面值总额。总值最高的玩家获胜!

> 游戏难度:简单,中等
>
> 游戏人数:每轮游戏2人
>
> 所需材料:
>
> 简单:4到5个一角硬币,1到3个其他面值硬币
>
> 中等:6到8个面值各不相同的硬币

✏ 玩五轮游戏

五轮游戏获胜次数最多的人最终获胜!每轮游戏步骤如下。

上一轮我得了7分,这轮想扔出10分!

◆ 轮流进行。你要做的：

① 轻轻抛出所有硬币。

算出硬币面值总额。硬币背面朝上的不计入总数。

❑ 你怎么算出总额呢？数出来还是相加运算？

② 比较总额。

总额高的玩家此轮获胜。如果平局，再玩一轮。

★ 扩展游戏

抢占100（中等）：轮流扔硬币，总值最先达到100的玩家获胜。

共赢（简单，中等）：每人至少赢3轮。

PENNYSAVER
"抢硬币"

拿走最后一枚硬币的人获胜!

> 游戏难度：简单（中等）
>
> 游戏人数：每轮游戏2人
>
> 所需材料：10枚硬币（回形针，或者其他小物件）

◆ 游戏准备

把所有硬币摆出来。

◆ 轮流拿硬币。你要做的：

1. 拿走1到3个硬币。

❏ 怎样决定一次拿几个呢?

② 轮流拿硬币直到没有硬币剩余。

★ 扩展游戏

分行硬币（中等）：准备12枚硬币，排成三行，一行3个，一行4个，一行5个。每人每次从任一行拿走1到3个硬币。

反规则（简单，中等）：拿走最后一枚硬币的人输。你怎样决定一次拿几个呢?

TWENTY PENNIES
取硬币

首先拿到20枚硬币的人获胜！

> **游戏难度**：简单
>
> **游戏人数**：每轮游戏2人
>
> **所需材料**：一个骰子或者一个数字魔方，20枚硬币或者小物件，如回形针或纽扣

✏ 游戏准备
拿出一枚硬币放在"银行"里。

✏ 轮流进行
每轮游戏你都有一次跳过机会。

✏ 你要做的：

① 掷骰子。

② 掷出几点，就拿出几枚硬币放进"银行"。如果"银行"硬币总数：
- 少于20，则轮到另一玩家。
- 等于20，则游戏结束，你获胜了！
- 多于20，则游戏结束，另一玩家获胜。

FOOD FIGHTS, PUZZLES, AND HIDEOUTS: GAMES, PROJECTS, AND ACTIVITIES THAT MIX IN MATH

- 怎样决定什么时候跳过呢?
- 怎样摆放硬币能快速得出硬币个数?

★ 扩展游戏

甩三点（简单）：用胶纸遮住骰子上的4、5、6点，分别写上1、2、3。这样每个骰子就有两个1，两个2和两个3。

SAME AS SEVEN
得七游戏

用掷出的骰子点数，运算得出最接近7的数字。最接近者获胜！

> 游戏难度：中等，较难
>
> 游戏人数：每轮游戏2到3人
>
> 所需材料：3个骰子或者数字魔方，每个玩家准备纸笔

✏ 掷骰子

一人掷骰子，得到三个数字。

6−1+3和3×1+6，哪一个更接近7呢？

FOOD FIGHTS, PUZZLES, AND HIDEOUTS: GAMES,
PROJECTS, AND ACTIVITIES THAT MIX IN MATH

◆ 计算

中等：每个玩家运用加减运算得出最接近7的数字。

较难：玩家可以运用加减乘除四种运算。

◆ 作比较

每人得分是数字与7的差值。得分最少的人获胜！

★ 扩展游戏

三轮最佳（中等，较难）：玩三轮，得分最少的人获胜。

正负值（较难）：计入正负值得分，如果算出5，减2分。如果算出9，加2分。得分最接近0的人获胜。

换骰子（较难）：用胶纸贴住骰子的点数，写上新的数字。如果要增加游戏难度，可以将1换成10，2换成-1，3换成0。或者换一个多面数的骰子，例如4面、10面或12面。

LAND ON 100
抢占100

最先得到100的人获胜!

> 游戏难度:中等(简单)
> 游戏人数:每轮游戏2至3人
> 所需材料:3个骰子或者数字魔方,硬币或纽扣,"抢占100"棋盘

🖉 游戏准备
将硬币放在数字1上。

🖉 轮流进行。你要做的:

❶ 掷1到3个骰子(掷几个随你选),
 怎样决定掷几个呢?

❷ 得出点数之和。

❸ 将点数与硬币所在的数字相加。

思考讨论

- 如果得出的数字小于100，将硬币放在该数字之上。
- 如果得出的数字等于100，将硬币放在数字100上。
- 游戏结束，你获胜了！
- 如果得出的数字大于100，不移动硬币。

★ 扩展游戏

一个骰子（简单）：每次只掷一个骰子。按点数移动硬币，先到100的人获胜。

换骰子（简单，中等）：用胶纸贴住骰子的点数，写上新的数字。如果要降低游戏难度，可以将4，5，6分别换成1，2，3。如果要增加游戏难度，可以将1换成10，2换成-1，3换成0。或者换一个不同面数的骰子，例如4面、10面或12面。

◉ 数字游戏

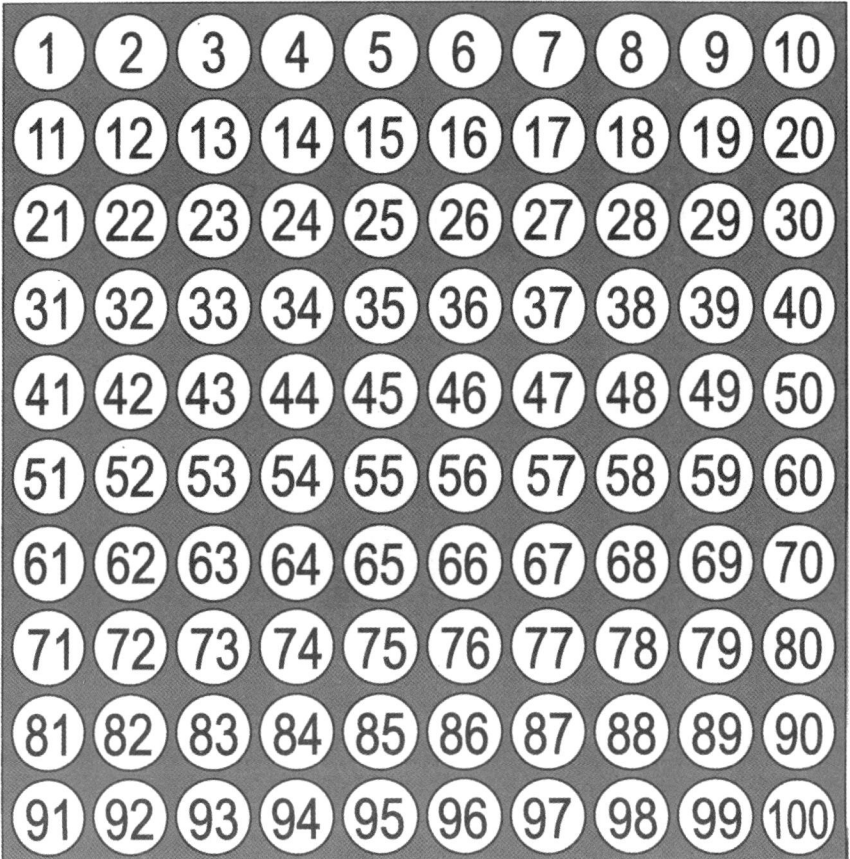

MORE, LESS, OR EQUAL
猜面值

数字还是图案，你会抛出硬币的哪一面呢？猜对次数多的人获胜！

> 游戏难度：简单，中等
>
> 游戏人数：每轮游戏2人
>
> 所需材料：
>
> 　简单：5至7个硬币，总面值2元钱左右
>
> 　中等：5至7个硬币，总面值5元钱左右

✎ 五轮游戏

每轮游戏步骤如下：

① 预测硬币面值总数。

抛出所有硬币。预测扔出的硬币朝上的一面总面值是多于，少于还是等于：

简单：1元

中等：5元

② 把预测的数字告诉其他玩家。

③ 轻轻抛出所有硬币。

④ 计算出硬币朝上的一面的总面值。

⑤ 如果你猜对了，此轮游戏得一分。

五轮之后得分最高的人获胜！

★ 扩展游戏

1角钱游戏（简单）：使用6个1角硬币。预测扔出的硬币朝上的一面总面值是多于，少于还是等于3角。

共赢（简单，中等）：每人至少得三分。

NARROW IT DOWN
猜物品

这个东西长在树上吗？能吃吗？
收集线索找出神秘物体。

游戏难度：简单，中等，较难

游戏人数：每轮游戏3至5人。两人游戏详见"扩展游戏"

所需材料：一组物件

简单：8到10个物件

中等：10到20个不同的日常用品

较难：20到30个类似物件，例如不同国家的硬币或者国旗标志

🖉 游戏准备

摆出物件。

选出一个法官，由他秘密地指定一个物品，但不要移动位置。

数字游戏

这个东西有没有对角线?

这个东西有没有平行线?

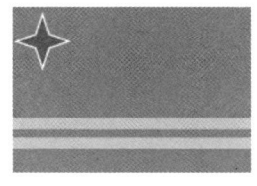  

这个东西是不是对称?

✎ 轮流进行。你要做的:

1. 问一个问题,由法官回答"是"或"不是",以帮助猜测所选物体是什么,但不能直接问某个东西是不是神秘物体。

2. 法官回答问题,画掉被排除的物体。

   ☐ 问什么问题可以排除一半物体呢?
   ☐ 如果法官回答"不是",又该去掉什么?

   最先排除障碍猜出神秘物体的玩家获胜!

思考讨论

⭐ 扩展游戏

两人游戏（中等）：玩两轮游戏。两人轮流当法官。以最少的问题猜出物体的人获胜！

猜猜法官（简单，中等）：至少6人参与游戏。秘密选定一人做法官。玩家提问缩小"神秘人"范围，例如"这个人是不是穿了一件胸前带三角图案的T恤？"或者"这个人的头发有30厘米长吗？"

说出形状（简单，中等，较难）：法官随意选定屋内一个所有人都能看见的物品，说出它的形状，例如三角形，玩家提问，找出这个物品。

动手制作

> 用日常生活的材料,如纸卷筒或者纸箱,自己动手设计、搭建、制造。

主要内容

搭建藏身处	041
垒土豆	043
盖滑梯	045
制作故事书	047
猜数量	049
猜数量(升级)	051
种植物	053
制作大家伙	055
攒钱计划	057
自制拼图	059

相关游戏

食物游戏

加量加倍 ·········· 077

FOOD FIGHTS, PUZZLES, AND HIDEOUTS: GAMES,
PROJECTS, AND ACTIVITIES THAT MIX IN MATH

团队游戏

拼图游戏 ·· **095**

筑塔游戏 ·· **099**

随时随地

为生活打分 ··· **107**

分秒必争 ·· **113**

BUILD A HIDEOUT
搭建藏身处

想要逃走？给自己盖个合身的小小藏身处吧！

> **游戏难度：** 简单，中等，较难
>
> **游戏人数：** 每个藏身处容纳1至3人
>
> **所需材料：** 40根或更多纸箱卷筒，或者结实的报纸卷筒和胶纸筒，剪刀，胶带纸

① 建造：使用所有材料制造一个小小的藏身处。

　　简单： 容纳一人

　　中等： 容纳两人

　　较难： 可以一人躺下

② 邀请别人来玩。

　　☐ 你要把自己的藏身处盖成什么形状呢？

　　☐ 怎么确认它很结实呢？

③ 设置奖励（可选）。

　　给每个藏身处设置一个奖励，或是大小胜出，或是形状胜出。大家共同决定奖励形式。

思考讨论

FOOD FIGHTS, PUZZLES, AND HIDEOUTS: GAMES, PROJECTS, AND ACTIVITIES THAT MIX IN MATH

★ 扩展游戏

改造帐篷（简单，中等，较难）：建造一个结实的藏身处，盖上床单或者毯子，把它变成一个帐篷吧！

玩具藏身处（中等，较难）：用牙签或者橡皮糖给玩偶盖个藏身处。它应该至少占地25平方厘米。你可以挑战盖一个至少200立方厘米的藏身处。

POTATO BRIDGE
垒土豆

垒土豆！建一座纸板桥，承重尽可能多的土豆！

> 游戏难度：简单，中等
>
> 游戏人数：每座桥1至2人
>
> 所需材料：麦片盒上的硬纸板，剪刀，胶带纸，四斤半土豆（可以用于多座纸桥），尺子（中等）

1. 使用所有材料建造一座桥。

   简单：承重尽可能多的土豆

   中等：桥至少20厘米高，承重尽可能多的土豆

☐ 加土豆时，怎样防止纸桥垮塌？

② 加固。

建一座承重尽可能多土豆的纸桥，你可以挑战只用一个麦片盒。

③ 设置奖励（可选）。

给每座桥设置一个奖励，或是大小胜出，或是坚固程度胜出。大家共同决定奖励形式。

★ **扩展游戏**

使用卷筒（简单）：除了使用麦片盒纸板，至少使用2个纸卷筒。

橡皮糖大桥（简单，中等）：用50个橡皮糖和200个牙签，建造出最坚固的桥！你可以挑战建造至少25厘米长的橡皮糖桥。

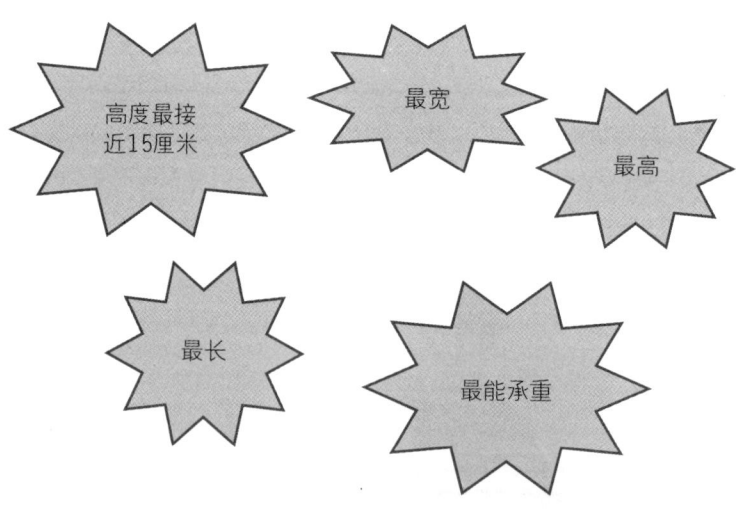

RIDE ON A SLIDE
盖滑梯

建一个纸板滑梯，让物体滑行3秒。

> **游戏难度：** 中等（较难）
>
> **游戏人数：** 每座滑梯安排1至2人
>
> **所需材料：** 2个盒子（麦片盒或者鞋盒）拆开成一整片，1个滑行物（纸卷筒或者玩具车），剪刀，胶带纸，可以记录秒数的手表或者计时器，电话本，用来垫高滑梯一端的木块或者盒子（可选）

① 建造，测试，加固。

使用所有材料搭建一架滑梯，让物体滑行3秒。

滑行物不能掉落！

☐ 怎样调整滑梯，让滑行物减速？

☐ 怎样调整滑梯，让滑行物加速？

② 展示滑梯。

向大家展示你自己建造的滑梯。

☐ 能保证物体不掉落吗？为什么能？为什么不能？

③ 设置奖励（可选）。

给每座滑梯设置一个奖励项目，或是光滑度胜出，或是坡度胜出。大家共同决定奖励形式。

★ 扩展游戏

使用卷筒（中等）：除了使用纸板，使用至少两个纸卷筒。

增加坡度和刺激（较难）：滑梯最高点设置不低于45厘米。

反向滑梯（较难）：让滑行物在滑梯上向上逆行。

TELL ME A STORY
制作故事书

制作一本有关数字的算术书，分享给朋友！

> **游戏难度：** 简单，中等，较难
>
> **游戏人数：** 至少一人制作，一人听故事
>
> **所需材料：** 几张纸（或折叠或装订），马克笔，贴纸和其他美术用品

❶ 决定怎么数，数多少。

简单： 从0开始正数到1，2或者1元钱，或者从10（或者10元钱）开始倒数。

中等： 从0开始正数到4，5或者10元钱，或者从50，100开始倒数。

较难： 从任何数开始正数或者倒数25元钱，1/2，3/2，7或者11。

❷ 设计故事。

☐ 故事中发生了什么？每一页多了或者少了什么？

③ 记录下来。

写下你的故事，或者打个腹稿，展示每页内容的时候讲出这个故事。

每一页都应该配有一个数字和一幅图片。

④ 读出或者讲出你的故事。

❏ 下一页是什么数字？再下一页呢？为什么这样设计？

★ 扩展游戏

平方数故事（较难）：写一本有关平方数的算术书，例如1(1×1)，4(2×2)，9(3×3)。

ESTIMATION STATION
猜数量

制作一个神秘杯子。装满东西，让其他人来猜数量！

> 游戏难度：简单，中等
>
> 游戏人数：2个或以上
>
> 所需材料：透明的塑料杯，橡皮筋，纸或塑料盖，填装物
>
> 简单：10到20个可以装满杯子的大物件（例如面团）
>
> 中等：20到50个可以装满杯子的小物件（例如珠子）

① 数个数，装杯子。

　　数出装满杯子的小物件的个数。总数保密！

> 我要把绒球装进杯子，能装几个呢？

FOOD FIGHTS, PUZZLES, AND HIDEOUTS: GAMES,
PROJECTS, AND ACTIVITIES THAT MIX IN MATH

- 怎样分组才能数得快呢?
- 花2秒钟数和花5秒钟数,总数一样吗?

思考讨论

② 用塑料盖子盖住杯子。

用橡皮筋固定盖子。

③ 猜数量。

猜一猜数量,数一数验证答案。

我觉得有30个。最上一层有6个,总共5层。

★ 扩展游戏

神秘小吃(简单,中等):制作一个神秘杯子,装满干果和其他小吃。

每人猜数量,数个数,然后吃掉!

ESTIMATION STATION CHALLENGE
猜数量（升级）

怎样预测数量？根据第一杯的情况来猜第二杯的个数。

> 游戏难度：较难
>
> 游戏人数：2个或以上
>
> 所需材料：2个大小相同的透明塑料杯，两个橡皮筋，两个塑料盖子，一组大一组小的同一物品（橡皮糖、贝壳面），20到40个大件可以装满杯子，100个以上小件可以装满杯子

① 制作两个神秘杯子。

步骤同上一游戏猜数量的前两步。将大件放进第一个杯子，小件放进第二个杯子。

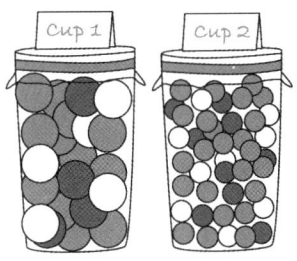

FOOD FIGHTS, PUZZLES, AND HIDEOUTS: GAMES, PROJECTS, AND ACTIVITIES THAT MIX IN MATH

② 猜数量。

说出第一个杯子里的个数,请另一个人猜测第二个杯子里的个数。

☐ 第二个杯子里的数量是第一个的两倍吗?

还是10倍?

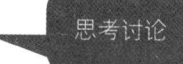

GROWING PLANTS
种植物

你的植物能长多快？种几棵植物，观察它们的生长时间。

> **游戏难度**：简单，中等
>
> **游戏人数**：每棵植物安排1到2人
>
> **所需材料**：生长迅速的种子或者幼苗（例如草种，豆子或者果核），植物用土，一个花盆，几根细管，剪刀，胶带纸，马克笔，方格纸，尺子（中等）

✏ 开始之前

种下种子或者幼苗。

① 预测。

  ☐ 一周时间，你的植物能长多高？一个月呢？

② 每周观察测量。

  简单：将细管剪至长度与植物齐高。将细管逐个贴在方格纸上。

  中等：用尺子测量长度，标记在方格纸上。

FOOD FIGHTS, PUZZLES, AND HIDEOUTS: GAMES, PROJECTS, AND ACTIVITIES THAT MIX IN MATH

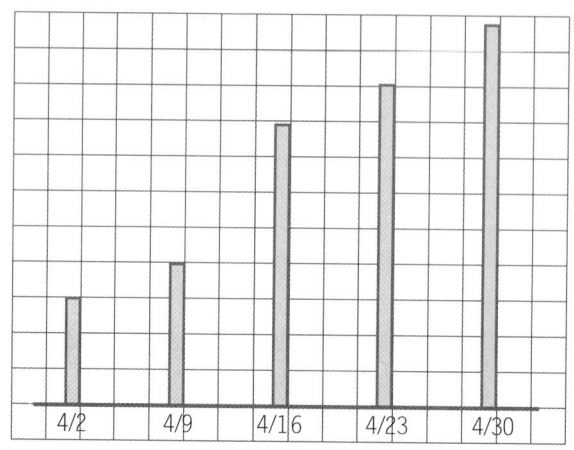

3 你观察到什么?

　　☐ 每周长高的一样多吗？怎么看出来的？

　　☐ 植物的实际生长状况和你预计的有什么不同吗？

思考讨论

★ 扩展游戏

改变环境（中等）：让一棵植物有光照，另一棵放在阴暗处。这两棵植物每周的生长速度和高度都一样吗？

GIANT SIZE
制作大家伙

如果一块橡皮变成十倍那么大,你能躲在它后面吗?做一个试试看吧!

> **游戏难度**:中等,较难
>
> **游戏人数**:每件1到2人
>
> **所需材料**:大张方格纸或者白纸(或者把几张纸粘在一起),平整的长方形物体,例如纸币或者橡皮,铅笔、马克笔、剪刀,尺子或者码尺(较难)

❶ 你能躲在这个大家伙背后吗?

找一个平整的长方形物体,例如纸币或者橡皮。想象它变成十倍那么大,预测一下:

☐ 它能盖住你的手吗?

☐ 它能盖住你的脸吗?

☐ 你能藏在它后面吗?

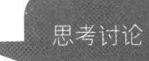
思考讨论

❷ 制作这个大家伙。

中等:把这个东西的长宽都扩大十倍。

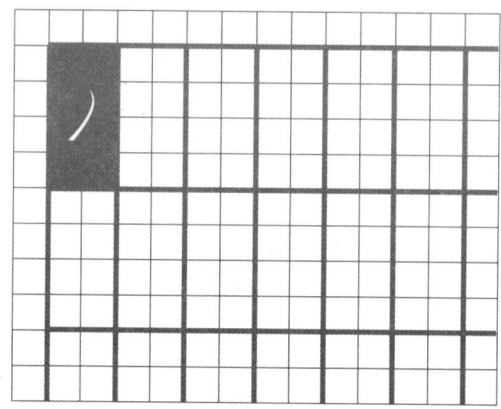

较难：量一量大小，长宽扩大十倍后，在一张大纸上画下来。

剪下来，加以装饰。

3. 和你的预测做个比较。

☐ 它能盖住你的脸吗？你能藏在它后面吗？

思考讨论

★ 扩展游戏

你能藏进去吗（较难）：找一个三维形状的物体，例如杯子或者果汁盒。如果把它扩大十倍，你能藏进去吗？做一个试试看！

PENNY JAR
攒钱计划

攒钱买一件东西或者献一份爱心。

> **游戏难度**：中等，较难（简单）
>
> **游戏人数**：人数较少为宜，确保每人都有机会数硬币
>
> **所需材料**：透明零钱罐，纸和笔，计算器（可选）

✏️ 开始之前

选一样需要攒钱才能买的东西。

中等：选一样价值10元钱的东西

较难：选一样价值100元钱的东西

① 预测。

☐ 多长时间能攒够钱？

☐ 攒够钱的时候，零钱罐能装多满呢？

写下你的预测和当天的日期。

> 思考讨论

② 攒钱。

每天把攒下来的零钱放进零钱罐。

每周计算所存的总数，做好记录。

4月

	星期三	星期四	星期五	星期六
	1	2 ￥1.85	3	4
	8	9 ￥4.07	10	11
	15	16	17	18

将攒下的钱和你的预测做个比较!

继续攒钱直到完成目标!

★ 扩展游戏

十个一组(简单):把硬币分类,十个一组。大孩子和成年人可以帮助他们计算总数。

装满零钱罐(中等,较难):预测多长时间能装满零钱罐。攒满后数数有多少钱。

PUZZLE ME THIS
自制拼图

让朋友们来玩玩你自己设计的拼图吧!

游戏难度:较难(中等)

游戏人数:2人或以上(制作拼图,试玩拼图)

所需材料:方格纸,剪刀,铅笔,信封,彩色铅笔(可选),厚纸板或厚泡沫板,胶水(可选)

① 制作拼图板。

裁切出12×12格的纸张。

② 裁切拼图块。

将拼图裁切成6个拼图块。每一块所占格子数应相同，但形状不同。

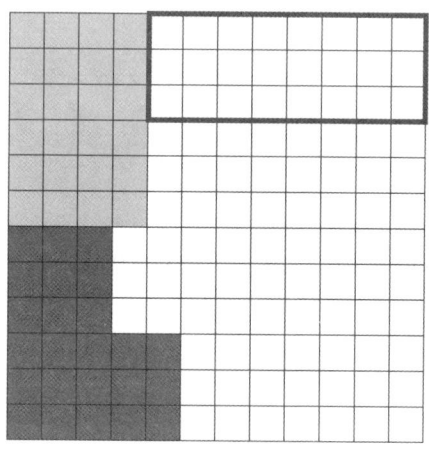

在纸上将6个拼图块的轮廓画出来。

分别给拼图块上色（可选）。

将拼图背面贴上厚纸板或者厚泡沫塑料（可选）。

③ 裁切。

将6块拼图放进信封。

④ 让朋友来试玩。

你可以找到不止一种方法来完成拼图吗？

思考讨论

★ 扩展游戏

两种形状（中等）：将拼图板裁切成两种形状的6个拼图块，其中3个形状相同，另3个形状相同。

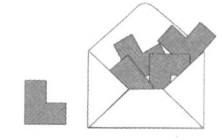

难度加倍（较难）：制作含有12个拼图块的拼图。

不同大小拼图块（较难）：裁切出16×16格的纸张。最大的拼图块占一半格子数，第二个拼图块占1/4格子数，第三个拼图块占1/8格子数，以此类推。

食物游戏

在吃饭，做饭，或策划派对的同时启发调查能力，做游戏。

主要内容

猜籽数	063
猜食用量	065
猜食物	067
食物大战	069
平均分配	071
派对策划	073
测量大小	075
加倍加量	077

相关游戏

动手制作

猜数量	049

FOOD FIGHTS, PUZZLES, AND HIDEOUTS: GAMES,
PROJECTS, AND ACTIVITIES THAT MIX IN MATH

团队游戏

快速问答 ··· 089

拼图游戏 ··· 095

随时随地

为生活打分 ·· 107

WHAT'S INSIDE
猜籽数

一个瓜里有多少籽呢，100？1000？打开一个看看吧！

> **游戏难度**：简单，中等
>
> **游戏人数**：人数较少为宜，确保每人都有机会来猜和数籽数
>
> **所需材料**：
>
> **简单**：瓜片
>
> **中等**：切开的能看到籽的瓜，小刀（仅限成人使用）

1. 预测有多少籽。

    切开一个瓜（瓜的种类任选）

    ☐ 籽多于10粒吗？多于100粒吗？

2. 算数量。

    把籽抠出来数一数。

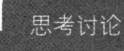
思考讨论

我五个一组来数！

③ 与预计的数量做个比较。

☐ 比你预计的多还是少?

思考讨论

★ 扩展游戏

每个苹果的籽数都一样吗(简单):挑几个大小、品种均不同的苹果。猜籽数,切苹果,数籽数。或者记下你咬下的一口苹果中有几粒籽。

口福游戏(简单):找几样水果。猜猜每个水果中有多少粒籽。切开来数一数。水果越大,籽数越多吗?

南瓜派对(中等):一个万圣节南瓜中有多少颗籽呢?猜一下,然后切开数一数。

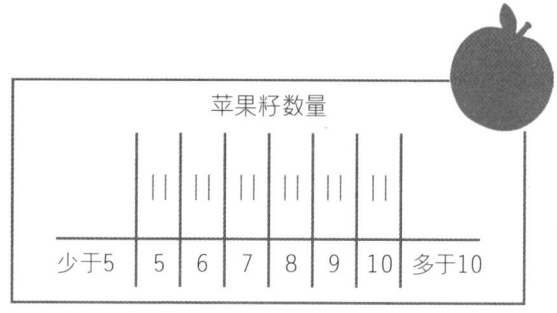

SAY WHEN
猜食用量

你能刚好倒出与"食用量"标示相同量的麦片吗?

> **游戏难度**:中等
>
> **游戏人数**:人数较少为宜,确保每人都有机会倒一杯燕麦
>
> **所需材料**:带营养成分表的麦片,列有"食用量"(以杯为单位)量杯,麦片碗

① 读标签。

　　找到"食用量"。

麦片		
营养成分表		
食用量半杯(25克)		
每餐营养值		
热量　120		
脂肪　13		
		%营养素日值
总脂肪量	2.5克	2%
饱和脂肪	0克	0%

FOOD FIGHTS, PUZZLES, AND HIDEOUTS: GAMES, PROJECTS, AND ACTIVITIES THAT MIX IN MATH

❷ 猜食用量。

向杯子里倒麦片，觉得接近食用量时停止。

❸ 计量。

用量杯测量麦片，和食用量作比较。

❹ 享用麦片！

将麦片倒回碗中，好好享用吧！

★ **扩展游戏**

你通常吃多少呢（中等）：

☐ 你通常吃多少呢？多于，少于还是接近成

分表上的食用量呢？

向碗中倒入平常麦片的食用量，然后倒入量杯测一测。

PLAY WITH YOUR FOOD
猜食物

用提问的方式来猜食物，用到你爱吃食物的营养成分表。

> **游戏难度**：较难
>
> **游戏人数**：每轮游戏3至5人，两人游戏详见"扩展游戏"
>
> **所需材料**：不同食物包装上的20个营养成分标签，包含食物名称

✏️ 游戏准备

把营养成分标签摆出来。

决定一人当法官。由他秘密地选定一张标签，但不要移动位置。

✏️ 轮流进行。你要做的：

1. 问一个问题，由法官回答"是"或"不是"，帮助猜标签，但不能直接问某个东西是不是神秘标签。

2. 法官回答问题，划掉被排除的标签。

   ❏ 提问什么问题可以排除一半标签呢？

3. 最先猜出标签的玩家获胜！

⭐ 扩展游戏

两人游戏（较难）：玩两轮游戏，两人轮流当法官。以最少的问题猜出标签的人获胜！

FOOD FIGHT
食物大战

做"大战"游戏,用到你爱吃食物的营养成分表。

> **游戏难度:** 中等(较难)
>
> **游戏人数:** 每轮游戏2至3人
>
> **所需材料:** 不同食物包装上的30至40个营养成分标签,包含食物名称

◆ 游戏准备

将标签分成几等份,每个玩家一份。

将标签面朝下。

◆ 轮流进行。你要做的:

① 所有玩家翻开自己的第一张标签。

② 标签上单位蛋白质含量最高的玩家,将此轮所有牌收走。

如果有平局,再翻一张,最高者将此轮所有牌收走。

③ 所有标签翻完,游戏结束。牌数最多的玩家获胜!

☐ 哪些食物蛋白质含量高?每人每日应摄入多少蛋白质?

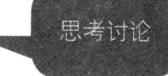
思考讨论

FOOD FIGHTS, PUZZLES, AND HIDEOUTS: GAMES, PROJECTS, AND ACTIVITIES THAT MIX IN MATH

饼干圈	
营养成分	
食用量　1杯（28克）	
每餐营养成分　12	
每餐营养值	
热量　103	
脂肪　15	
	%营养素日值
	3%
总脂肪量 2克	0%
饱和脂肪 0克	
反式脂肪酸 0克	0%
胆固醇 0毫克	8%
钠　186毫克	7%
碳水化合物总量 21克	11%
膳食纤维 3克	
糖分 1克	
(**蛋白质** 3克)	

含坚果麦片	
营养成分	
食用量　3/4杯（85克）	
每餐营养成分　12	
每餐营养值	
热量　289	
脂肪　37	
	%营养素日值
总脂肪量 4克	6%
饱和脂肪 1克	3%
反式脂肪酸 0克	
胆固醇 0毫克	0%
钠　196毫克	8%
碳水化合物总量 66克	22%
膳食纤维 6克	25%
糖分 26克	
(**蛋白质** 8克)	

★ 扩展游戏

脂肪大战（较难）：标签上单位蛋白质含量最低的玩家，将此轮所有牌收走。或者以钠或糖含量为对象计算。

FAIR SHARE
平均分配

零食时间到了,保证平均分配给每个人。

> **游戏难度**:简单,中等
>
> **游戏人数**:2个或以上
>
> **所需材料**:盛盘、盘子,餐巾纸,数量可数的食物,例如饼干和小萝卜
>
>   **简单**:10至20个
>
>   **中等**:20至40个

❶ 预测每份含量。

    ☐ 如果我们分享这个,每人能分到两片吗?十片呢?为什么?   *思考讨论*

❷ 分配。

   将食物平均分配给每个人。

❸ 将预测与实际分配情况做个比较。

    ☐ 比预测量拿得多吗?还是和预测的一样?   *思考讨论*

❹ 决定多出来的食物怎么分配(可选)。

   或者这次平均分配,或者留给下次分享。

FOOD FIGHTS, PUZZLES, AND HIDEOUTS: GAMES, PROJECTS, AND ACTIVITIES THAT MIX IN MATH

★ 扩展游戏

不平均分配(中等): 如果一人想分得少点, 其他人怎样平均分配呢?

留一个(中等): 留一个给可能来访的客人, 剩下的怎样平均分配呢?

PARTY PLANNING
派对策划

策划一场预算内的派对或者小吃宴。

> **游戏难度：** 中等（较难）
>
> **游戏人数：** 较少人数为宜，以便每人都有发言权
>
> **所需材料：** 商店广告页或在线杂货店的商品价格单，纸和笔，计算器，数量可数的食物，例如饼干和小萝卜
>
> **简单：** 10至20个
>
> **中等：** 20至40个

❶ 多少人？多少钱？

计划参加人数和预算。

☐ 平均每人可以花多少钱？

☐ 人均10元钱够吗？

思考讨论

❷ 要买什么？

浏览商店广告页，或访问在线杂货店查看商品价格单。

列一个购物清单。

☐ 怎样做出决定？

☐ 怎样保证不超出预算？

思考讨论

我们预算有200元钱,购物清单上的商品总价为217元。我们就拿出一盒饼干,省了20元钱。

③ 购物,准备,分享。

按清单购物!玩得开心!

★ 扩展游戏

派对用品(较难):计算出派对所需东西的花销。计划每人在食物、餐具、外卖袋子和其他派对用品上花多少钱。

家庭宴会(中等):计划每人花多少钱,举办整个家庭宴会需要花多少钱。设计菜单,购物,准备,分享。

SIZE THEM UP
测量大小

哪一个装得最多？将容器按容量大小的顺序排列。

> **游戏难度**：简单，中等（较难）
>
> **游戏人数**：较少人数为宜，让每人都能动手排序
>
> **所需材料**：5至8个形状不一、大小不一的容器（食物盒，洗发水瓶，或者带液体容量标签的美术颜料瓶），便利贴（用来遮盖容量标签，可选）

① 摆出容器。

　　将容器不按大小顺序，任意摆出来。

FOOD FIGHTS, PUZZLES, AND HIDEOUTS: GAMES, PROJECTS, AND ACTIVITIES THAT MIX IN MATH

② 预测。

    ☐ 你觉得哪一个装水最多？为什么？

    ☐ 最高的容器总是装水最多吗？

思考讨论

③ 按容量大小排序。

将容器按照你的预测从大到小排序。

④ 验证猜测。

简单：将你预测容量最大的容器装满水，如果确实容量最大，将水倒入容量第二的容器中会有剩余。

中等：查看容器标签上的容量。

★ 扩展游戏

找出最高容器（简单）：将容器由高到低排序。

预测容量（较难）：找出容量最小的容器。查看可盛液体容量，以此估算其他容器容量。

DOUBLE OR MORE
加倍加量

设想你在为一拨人准备食物。准备2份,3份或者4份食谱上的食物。

> 游戏难度:简单,中等,较难
>
> 游戏人数:较少人数为宜,以便每人都有机会测量
>
> 所需材料:一份食谱,相关食材
>
> 简单:选择一个食谱,做两份食物。如果要做8份,参看一个4人份的食谱
>
> 中等:选择一个食谱,做3份或者4份食物
>
> 较难:选择一个食谱,做多份食物。使用一份食谱,但每份食物分量不同

① 来客有多少?

两人份冰沙

1根香蕉
1.25杯橘子汁
1.5杯冰蓝莓
5个冰草莓

FOOD FIGHTS, PUZZLES, AND HIDEOUTS: GAMES,
PROJECTS, AND ACTIVITIES THAT MIX IN MATH

看看自己需要准备几人份食物？食谱上是几人份？

☐ 保证每人都吃饱，要多做几份呢？你是如何知道的？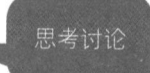

② 通过计算，测量，相加相乘来为每样食材加量。

☐ 看看自己需要准备几人份食物？食谱上是几人份？

③ 按食谱制作。

好好享用吧！

★ 扩展游戏

计算出来（简单）：使用一份食材用量都是整数的食谱。

食谱减半（较难）：食物减量1/2，1/3，或者1/4。

两倍泡泡（简单，中等，较难）：制作清理工作所用泡泡皂。

团队游戏

破冰游戏，聚会游戏，多人参与对战游戏。

主要内容

团队游戏

动物奥运会	081
报数考反应	083
学习测量	085
寻人游戏	087
快速问答	089
合作编故事	091
分组游戏	093
拼图游戏	095
一起排队	097
筑塔游戏	099

相关游戏

数字游戏

猜物品	036

FOOD FIGHTS, PUZZLES, AND HIDEOUTS: GAMES,
PROJECTS, AND ACTIVITIES THAT MIX IN MATH

动手制作

猜数量 ·· 049

猜数量（升级） ·· 051

自制拼图 ·· 059

食物游戏

猜籽数 ·· 063

平均分配 ·· 071

加倍加量 ·· 077

随时随地

为生活打分 ·· 107

整理游戏 ·· 109

ANIMAL OLYMPICS
动物奥运会

学螃蟹走,学猫爬行,学豹子奔跑。五秒钟你能跑多远?

游戏难度：中等（简单）

游戏人数：3人或以上

所需材料：可以记录秒数的手表或时钟，粉笔或胶带，尺子或卷尺

游戏准备

用粉笔或者胶带纸画一条起跑线。

① 模仿扮演某种动物。

选择一种动物，模仿它们的走路方式。

② 预测。

所有人站在起跑线上就位。

☐ 预测一下，模仿这种动物走路，五秒能走多远？

思考讨论

（可选）大家一起数五秒：1，2，3，4，5。

③ 起跑。

学动物的样子跑五秒钟。

❹ 测量和比较。

用粉笔或者胶带纸画出每人的终点。

☐ 和想象中跑得一样远吗？

猜得最准的人获胜！

思考讨论

★ 扩展游戏

穿过屋子（简单）：模仿动物走路，五秒钟你能穿过屋子吗，或者走一半？猜一下，然后试试看。

JUMP, CLAP, SNAP
报数考反应

迅速做出正确的反应,慢者出局!留到最后的人获胜!

游戏难度:简单,中等,较难

游戏人数:4人或以上

无需材料

① 围成一圈,轮流数数,1,2,3……

简单:10的倍数跳一下。

中等:在"简单"的基础上,遇到偶数拍手,10的倍数又跳又拍手。

较难:在"中等"的基础上,遇到3的倍数,打个响指。

☐ 遇到哪些数字需要做这三个动作?

> 思考讨论

如果你遇到特殊数字没有做出正确动作，就被淘汰出局。

② 继续游戏，直到剩下最后一人。

最后一人获胜！

★ 扩展游戏

共赢（简单，中等，较难）：游戏时不淘汰人，数到100游戏结束。

再加个动作（中等，较难）：遇到4的倍数跺脚。为了增加难度，可以换成公差为0.5，1.5，3，5，7的等差数列，依次报数。

FAR AND WIDE
学习测量

如果我们叠罗汉，能够到屋顶吗？

> 游戏难度：简单，中等，较难
>
> 游戏人数：6人或以上
>
> 所需材料：尺子或卷尺（中等，较难），计算器（可选）

✏️ 开始之前

决定小组目标：是测量距离、长度，还是高度？

简单：共同决定小组目标，试着做。

如果我们都躺下，一个人的头挨着另一个人的脚，能横跨整个操场吗？

中等：共同决定小组目标，试着做一做或者量一量。

如果我们伸展双臂，手拉手，能贯穿走廊吗？

较难：共同决定小组目标，让大家预测结果。

如果我们一个接一个地踩在别人的肩膀上叠罗汉，能够到房顶吗？

（危险，请勿随意进行）

1. 预测。

    ☐ 我们能到那么远吗？为什么？

> 思考讨论

② 试试看!

试着做,猜一猜。

比较一下预测情况和实际结果吧!

★ 扩展游戏

我们能达到1000吗(较难):预测游戏结果超过数字1000。比如,如果我们每个人站在另一个人的头上(危险,请勿随意试验),我们能有1000米高吗?如果我们每个人都很胖,我们总重能超过1000千克吗?

FIND SOMEONE
寻人游戏

根据线索找人，谁最快谁就赢！

> **游戏难度**：简单，中等，较难
> **游戏人数**：4人或者以上
> **所需材料**：每人一份"寻人游戏"名单，铅笔，尺子（中等，较难）

✏️ 开始之前

首先将要寻找的人列出名单，涉及项目约10项。

简单：包括计数，作比较和确定基本形状，比如圆。

> **请寻找符合下面条件的人**：
> 看谁家里的宠物比别人多。
> 看谁身上有5个以上的扣子。

中等：简单的游戏或者一些计算。

> **请寻找符合下面条件的人**：
> 看谁的头发长1.2米。
> 看谁高1.5米多。

较难：中等难度的游戏和一些服饰上的图案、图形。

> **请寻找符合下面条件的人：**
> 看谁的衣服上有平行条纹。
> 看谁衣服上的图案多于四个面。

① 列举清单。

每人一份名单，找一项写一项，但是可能会有一些找不到的项哦。

② 互相分享寻找结果。

❏ 你找到谁的衣服上有平行条纹呢？还有谁是这样呢？

思考讨论

★ 扩展游戏

要求以最快的速度找到答案（简单，中等，较难）：就当作在玩侦探游戏，第一个找到所有符合项的人胜出。

QUICK QUESTION
快速问答

快速提问，不要保持沉默。

> 游戏难度：中等（简单，较难）
> 游戏人数：6人或者以上
> 所需材料：一张大纸，贴纸，铅笔

✏️ 开始之前

想一个大家都喜欢的多项选择题，写在一张大纸的顶部。

把答案写在纸的底部。

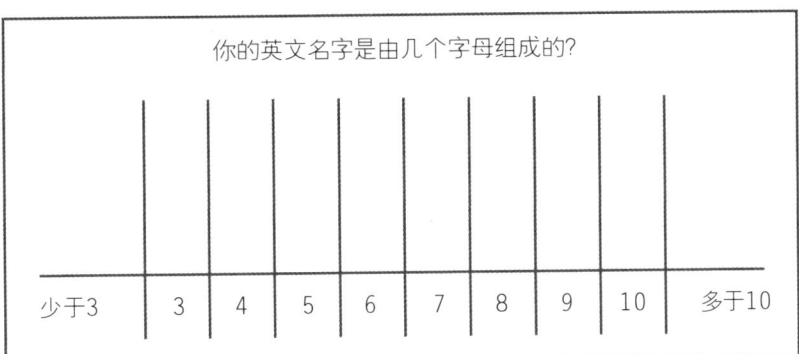

① 作出预测。

你认为最常见的问题是什么？那么，最罕见的呢？

② 每人都要回答。

　　在你的答案上画上记号或者贴个贴纸。

③ 比较你的预测和答案。

　　仔细看答案,找到惊喜了吗?

★ 扩展游戏

是或者否(简单):问一道是非题,比如"你有宠物吗?"

分两组(中等):每组用不同的颜色回答,比如,成人组用红色,儿童组用蓝色。那么,请问两组的答案一样吗?

数字问题(较难):问一个涉及时间或其他计算内容的问题。比如"你昨晚睡了多久?"(6个小时或者不足6小时,6.5,7,7.5……)或"你多高啊?"(1.2米或低于1.2米,1.3,1.4……)

> 我选的是春季,但是选夏季的人最多。

CURTAINS UP
合作编故事

让我们一起来编故事吧！用10分钟的时间，编一个故事，故事里要包括袋子里的所有东西。

> **游戏难度**：中等（较难）
>
> **游戏人数**：6人或6人以上
>
> **所需材料**：手表或者计时器，3到4人一组，每组一个纸袋、两件物品（比如，硬币和帽子）以及世界纪录书（备选）

◆ 开始之前

制作几个袋子，每个里面放进以下几样东西：两个物体，一个尺子，两张索引卡片，也可以装一本世界纪录书。一张索引卡片上写测量数据，另一张注明数字或者价钱。

FOOD FIGHTS, PUZZLES, AND HIDEOUTS: GAMES, PROJECTS, AND ACTIVITIES THAT MIX IN MATH

① 分袋子、编故事。

游戏小组用袋子里的所有东西,在10分钟内编排一个短剧,短剧里必须包括一个有争议性的尺寸问题。

② 表演节目。

每个短剧最多五分钟。

☐ 怎么解决这个有争议的尺寸问题?

★ 扩展游戏

借用新闻(较难):将你从报纸上剪下来的新闻,装进每个袋子里。每个袋子里可以放三个数字,比赛成绩、温度和三个电影名字或标题。

真假混淆(中等,较难):每个短剧里必须有三项内容,并且包括尺寸和数字。有两个数据是真的,比如,我的弟弟出生时重6斤,另外一个是假的,比如,我的妹妹出生时重18斤。观众们要猜出哪个是真的哪个是假的。让观众上当去吧!

TWO WAY SPLIT
分组游戏

你的小组成员很多吗？那么，请将他们分成两组吧。

游戏难度：简单（中等）

游戏人数：6人或6人以上

无需材料

① 作出预测。

☐ 我们能分成两个人数相同的小组吗？要怎么分呢？

思考讨论

我们一共8个人，每组4个人，4+4=8。

我们可以两个人一组，这样数2的倍数，直到没有人被剩下为止。

② 进行分组。

选一种方法，将成员们分成两组。比如，大家列队报数1，2，1，2；报数为1的是一组，2的是一组。如果分四组的话，就报数1，2，3，4。这样分组，是不是很简便呢？

如果没办法平均分成两组，你该怎么办？

★ 扩展游戏

把成员们分为三组（中等）：预估一下能否拆成三个人数相同的小组。请讨论出几种不同的方法，选择一种试一试。

分组后进行循环活动（中等）：先分成几个小组，然后在其中开展一个循环游戏：每组在每轮中花费多长时间？他们循环的顺序是什么？

PIECE IT TOGETHER
拼图游戏

根据线索图找到五块拼图，第一个找到并且拼好的人获胜。

游戏难度：简单，中等

游戏人数：每组1到2人

所需材料：信封5个，每组一张线索图（包括寻找方法，图案，或拼图的其他信息），每组一张纸，直尺，卷尺，食谱配方（备选）

✏ 开始之前

为五块拼图描画一个整体线索图，每条线索都能帮你找到装有拼图的信封。

简单：利用尺寸和数字找到拼图。

1. 找到装有10支蜡笔的盒子，看看盒子底部有没有。
2. 找到最高的椅子，看椅子底部有没有。

中等：利用测量数据和形状找拼图。

1. 看看书架上方3米的地方有没有。
2. 先找到有9个窗格的窗户，看看窗户下面有没有。

把拼图拆开。

- 把每个拼图拆成五块。
- 把所有的拼图副本装入一个信封，每个信封上都写上线索编号。

然后，将信封藏到线索图所对应的地方。

① 寻觅拼图。

每组都有一个线索图。为避免拥挤，每组要按不同的顺序寻找。每找到一个信封，他们就能得到一块拼图。

☐ 你怎么数玻璃窗格？你会不会把正方形也看成矩形？

每组需要找全五块拼图。

② 拼图。

小组成员一起将找到的拼图拼好，第一个完成的小组获胜。

③ 自制美食（备选）

如果拼好的图是食谱，那么你就可以按照拼图做一顿饭喽。

LINE UP
一起排队

在排队等候时，你可以用这个游戏来消磨时间哦。

> 游戏难度：简单
>
> 游戏人数：4人或4人以上
>
> 无需材料

✏️ 开始之前

选择一个尺寸或者数字，可以用作比较的，比如头发长度，身高，衬衫上的纽扣数量等，并展示给大家。

① 作出预测。

  ❏ 几个人排成一队，按照手臂的长短依次排开，手臂最短的排在第一个，那么，你会排在哪里呢，队伍前面，中间，还是最后？

  思考讨论

② 排队。

先比较手臂的长短，按顺序依次排开，如果两个人的手臂一样长，那么他们就站在一起。

③ 看一看。

再检查一下队列顺序，并作适当调整，站在最后的人下次排队时可以选择排队方式。

★ 扩展游戏

侦探游戏（简单）：每轮游戏选定一个侦探，请他/她离开房间一会儿。其他人按照自己选择的秘密方式（比如纽扣数量）依次排列队伍，然后侦探返回房间，提问"是与否"的问题，来猜出他们的排队方式，比如，是按照衣服纽扣数量排队的吗？是按照身高排队的吗？

游戏可以进行数轮，让每个人都有机会当作侦探。期间记录每个侦探问了几个问题，其中提问最少的获胜。

TOWER TOURNAMENT
筑塔游戏

预备，开始！给你两分钟，建造一座塔。

> **游戏难度**：简单，中等，较难
>
> **游戏人数**：1到2人
>
> **所需材料**：每座塔需要20到30个大小不同的容器，小箱子或者其他可堆叠的直尺、码尺或者卷尺，计时：每建一座塔记一次时（中等，较难），计时钟表（整个小组都需要）。

① 热身练习。

用这些材料练习建造一座符合要求的塔。

容易：建一座最高的塔。

中等：建一座大约1.2米高的塔。

较难：建一座塔底面积最小的塔，至少1.2米高。

☐ 塔的底部建成什么形状时最坚固？中间建成什么形状时最坚固呢？

思考讨论

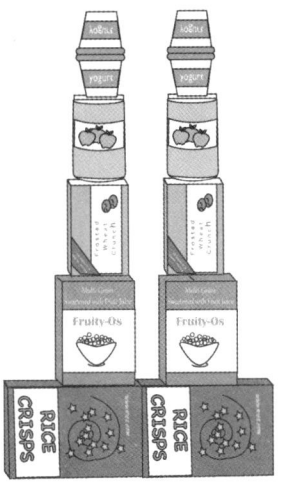

② 预备!

把练习时建造的塔拆开。

找一个比赛计时员。

③ 开始!

你要在两分钟内按要求建成一座塔。

④ 鹿死谁手?

谁建造的塔和目标塔最像,谁就是赢家。

我把最大的箱子放在塔的底部,这样会更加牢固。

★ 扩展游戏

人人都是赢家(简单,中等,较难):每座塔不管是因为形状突出还是尺寸出众,都能得到相应的奖励。大家一起决定该授予谁什么奖品。

物以稀为贵(中等):用最少的物体建造最高的塔。

哪个容量最大(较难):挖一个地窖,在上面建造一座能放入最多粮食的塔。

对称设计(较难):建造一座最高的对称塔。

随时随地

我们随时随地参加活动，玩游戏，在汽车里，飞机上，候车室，餐桌上。

主要内容

数一数 ·················· 103

墙壁寻宝 ·················· 105

为生活打分 ·················· 107

整理游戏 ·················· 109

倒计时 ·················· 111

分秒必争 ·················· 113

相关游戏

数字游戏

猜物品 ·· **036**

团队游戏

动物奥运会 ·· **081**

报数考反应 ·· **083**

学习测量 ··· **085**

分组游戏 ··· **093**

一起排队 ··· **097**

TAKE STOCK
数一数

等待是不是很令人焦虑？数一数房间里一共有多少条腿来打发时间吧。

> **游戏难度**：简单，中等，较难
>
> **游戏人数**：2人或者2人以上
>
> **无需材料**

① 作出预测。

房间里一共有多少条腿，10条？100条？1000条？

简单：只数人的腿。

中等：数人和动物的腿。

较难：数所有东西的腿，包括人、动物、玩具和家具等。

② 数一数。

找一找房间里一共有多少条腿。

③ 核对答案。

你找到多少条腿？互相核对一下答案。

☐ 你是怎么数的？由2或者4计数，还是相加或者相乘？

思考讨论

如果答案不同,再次一起检查一下,确保已经包括那些进入或者离开房间的所有人。谁计算的结果最接近正确答案,谁就是赢家。如果所有人的结果都一样,那么每个人都是赢家。

★ 扩展游戏

计算一定时间段内的数量(简单,中等,较难):你要呆在房间里,每隔15分钟数一次,找出什么时候房间的腿最多?什么时候最少?

WHAT'S ON THE WALL
墙壁寻宝

无聊至极,想要做点什么来打发时间?那就玩一下这个"墙壁寻宝"游戏吧!

> 游戏难度:简单,中等,较难
>
> 游戏人数:2人或者2人以上
>
> 无需材料

① 先找一面墙,然后再决定在墙壁上寻找什么。

简单:在墙壁上找圆形或正方形物体,越多越好。

中等:在墙壁上找矩形,越多越好。

较难:在墙壁上和窗户上找矩形,越多越好。

② 你找到了多少?

和答案作比较。

☐ 正方形属于矩形吗？为什么？

如果答案各不相同，再数一遍，谁数的结果和正确答案最接近，谁就是赢家。

如果所有人的答案都一样，那么每个人都是赢家。

★ 扩展游戏

找替代品（简单，中等，较难）：不用墙壁，而用广告牌、杂志内页或者风景图来做这个游戏。

寻觅墙壁上的数字（简单，中等，较难）：找到墙壁上最大的数字，并说一下这个数字代表什么，比如日期，物品价格，比赛得分。难度再大一点的就是要找到墙壁上最小的数字，包括分数、小数和负数。

RATE IT
为生活打分

如果用-2至2之间的数字来为今天打分,你会选几?利用这个游戏来开始一场友好的对话吧。

> 游戏难度:简单,中等,较难
>
> 游戏人数:4人或者4人以上
>
> 无需材料

◆ 开始之前

为生活中的各种事情打分,比如天气,过去的日子,大家都读过的书。

① 决定打分范围。

简单:1至5

中等:-2至2

较难:-5至5

☐ 0代表什么呢?

② 开始游戏。

大家轮流打分,并解释原因。

FOOD FIGHTS, PUZZLES, AND HIDEOUTS: GAMES, PROJECTS, AND ACTIVITIES THAT MIX IN MATH

我为今天打2分，因为我赢了比赛。

我为今天打0分，因为今天过得很平淡。

我为今天打-2分，因为我的比赛由于下雨取消了。

我今天的得分是1，因为我有薄煎饼吃。

3 如何打分？

❏ 人们打的最高分是多少？最低分是多少？一般的呢？

思考讨论

★ 扩展游戏

讲故事，评生活（中等，较难）：编一个故事或者讲一段亲身经历，来为日常生活打分。朋友来访可能是2分，丢钱可能是-2分，跳绳游戏是0分，等等。

今天的得分是2，因为爸爸给我买了件新衣服。

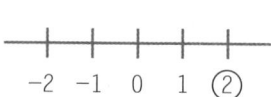

TAKE TEN
整理游戏

在游戏中整理杂物。

> **游戏难度：**简单，中等
>
> **游戏人数：**2人或者2人以上
>
> **所需材料：**
>
> **简单：**50或者50以下个小物件
>
> **中等：**100甚或100以上个物件

① 作出预测。

我们需要整理多少东西，大约50个，100个，还是1000个？

② 开始游戏。

每人整理10件。如果物品总数不够的话，人均可以少分一些。

③ 完成任务了吗？

继续整理，以10为单位计算（如果不够的话就少一些），直到整理完为止。

④ 一共有多少件东西需要整理？

按照10的倍数，数一下总数，最接近估计值的人获胜。

⭐ 扩展游戏

总数少于20个时,每次整理五个。

计算所花费的时间(中等):我们每人都算一下,把所有的东西都整理好需要多长时间——2分钟,5分钟,还是10分钟?一个人计时,剩下的人整理,最接近估计值的人获胜。

COUNTDOWN
倒计时

3, 2, 1……时间到！ 选择一个特殊的事件，分别以天数、分钟数或者秒数进行倒计时。

> **游戏难度**：简单，中等，较难
>
> **游戏人数**：自行选择
>
> **所需材料**：日历，计算器（较难）

❶ 选择日期。

看看今天是几月几号，再在日历上找一个特殊的日子。

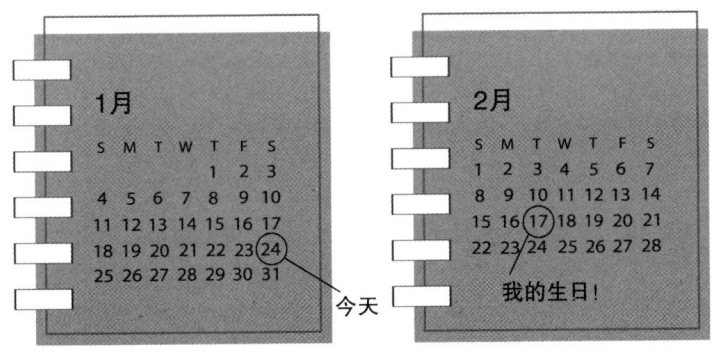

❷ 距离特殊日子还有多久？

简单：在日历上数一下距离特殊日子还有多久。

中等：看看倒计时还有几个月、几周或几天。如果今天是1月24日，你的生日是2月17日，那么多久后你就又长大一岁了？

□ 请问倒计时的时候，今天要包括在内吗？

较难：看看倒计时还有几小时、几分钟或者几秒钟。

③ 继续倒计时。

特殊之日一天天临近，每天都要倒计时。

★ 扩展游戏

倒计时至满月（简单）：每晚都要观察一下月亮的盈亏，直到满月。

MINUTE MADNESS
分秒必争

倒计时时，看看一分钟内你能做多少事情。

> 游戏难度：简单，中等
> 游戏人数：2人或者2人以上
> 所需材料：显示分钟和秒钟的手表或计时器，每人一张白纸，一支笔

✏️ 开始之前

选择一种可以持续一分钟的活动，比如娃娃跳或画五角星。

简单：选择一项你一分钟能做10到20个的运动。

中等：选择一项你一分钟能做50个或50个以上的运动。

① 作出预测。

  ❑ 你觉得一分钟内你可以画多少个五角星？

② 随时记录。

  一个人计时，其他人继续自己的活动并不断计数。

> 思考讨论

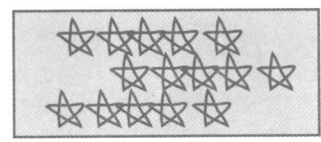

FOOD FIGHTS, PUZZLES, AND HIDEOUTS: GAMES, PROJECTS, AND ACTIVITIES THAT MIX IN MATH

③ 做了多少？

比较结果和预期值。

◻ 你是如何计时和计数的？

思考讨论

④ 重复同一活动。

◻ 下次再做的时候，你会做得更多，还是做得更少了呢，还是保持原纪录不变？

再试一次看看！

思考讨论

★ 扩展游戏

时间预测（中等）：计时员记一分钟，参赛人自己估计时间，当认为一分钟到时，举手示意。计时员记下举手的先后顺序，记录举手时间，当所有人举起手后，宣布最终结果，谁的预测最接近一分钟，谁就获胜。

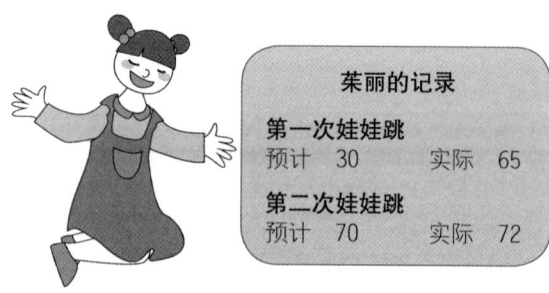

记事日历

本章主要按照月份介绍了在家庭聚会和其他假日里的日程安排。

一月
行动起来 ·· 117

二月
随心创造 ·· 119

三月
观察天气 ·· 121

四月
抓住诗歌的节拍 ·· 123

五月
走进大自然 ··· 125

六月
研究动物 ·· 127

七月
硬币游戏 ·· 129

八月
发挥想象力 ··· 131

FOOD FIGHTS, PUZZLES, AND HIDEOUTS: GAMES,
PROJECTS, AND ACTIVITIES THAT MIX IN MATH 🌸

九月
环游世界 ··· 133

十月
破解代码 ··· 135

十一月
我来做主厨 ·· 137

十二月
来做游戏吧 ·· 139

100天纪念
百日庆祝 ··· 141

一月
行动起来

1 元旦
许三个新年愿望!

2
五秒钟内你能跳多远?

4 繁琐的一天
世界上谁跳得最高?
你能跳多高?

6
你要走几步才能穿过房间?

9
五秒钟内,你能够跑多远?

10
每小时手臂挥15圈。

11
你能连续接打多少个棒球?

15
五秒钟内你能爬多远?

18
向右转三次,然后向左转四次。

FOOD FIGHTS, PUZZLES, AND HIDEOUTS: GAMES, PROJECTS, AND ACTIVITIES THAT MIX IN MATH

马丁·路德金纪念日
每年一月的第三个星期一。
为别人做些好事。

20
企鹅宣传日
像企鹅一样蹒跚走路，五秒钟内你能走多远？

23
数到23，偶数时拍手，5的倍数时跳一下。

25
相反日
和朋友面对面站着，两人同时向自己的后方跳五秒钟，那么你们两个之间的距离是多远。

28
如果你一步步走，五秒钟内能走多远？

中国的农历新年
在每年的一月或__月份。大熊猫是中国的国宝，现存多少只？

30
编一支用时30秒的舞蹈。

31
反向日
10秒钟内你能向后走多远？

可通过更多方式来开始行动，参见"动物奥运会，报数考反应，学习测量，拼图游戏，一起排队，分秒必争"等游戏。

二月
随心创造

2
土拨鼠日
出去测量一下你影子的大小。

4
有几种方式可以将一张纸折成4等份?

6
用6个硬纸管制作东西。

9
在房间内你能找到几件艺术品?

11
制作一个对称的物体。

12
用16根硬纸管制作东西。

14
情人节
你一分钟内能画几颗心?

15
橡皮糖日
用橡皮糖和牙签建一座可以放玩具车的桥或者为毛绒玩具设计一把椅子。

17
公民爱心日
为朋友制作一片雪花。

FOOD FIGHTS, PUZZLES, AND HIDEOUTS: GAMES, PROJECTS, AND ACTIVITIES THAT MIX IN MATH

国际母语日

每年2月21日是国际母语日。你的母语是什么呢?

18

用18根硬纸管制作东西。

19

将一张纸折成相等的9份。

21

找一个等于你一半身高的东西。

23

在房间里你能找到多少个矩形?

24

用24根硬纸管制作东西。

27

画一根大小是正常铅笔三倍的铅笔。

29

你度过了几个闰年?

可通过更多方式来创造与设计,详见"动手制作"部分。

三月
观察天气

1 记录这个月的降雨量。

4 用纸制作雪花。

5 你所在国家的最强降雪量是多少?

6 先预测后试验:一块冰在阳光下融化需要几分钟?

9 先预测屋内的温度,再看温度计。

11 采访10个人:你最喜欢的季节是什么?

春季	夏季	秋季	冬季
丅	正	丅	一

13 耳罩日

找到三个有耳罩的人,你需要询问多少人才能找到?

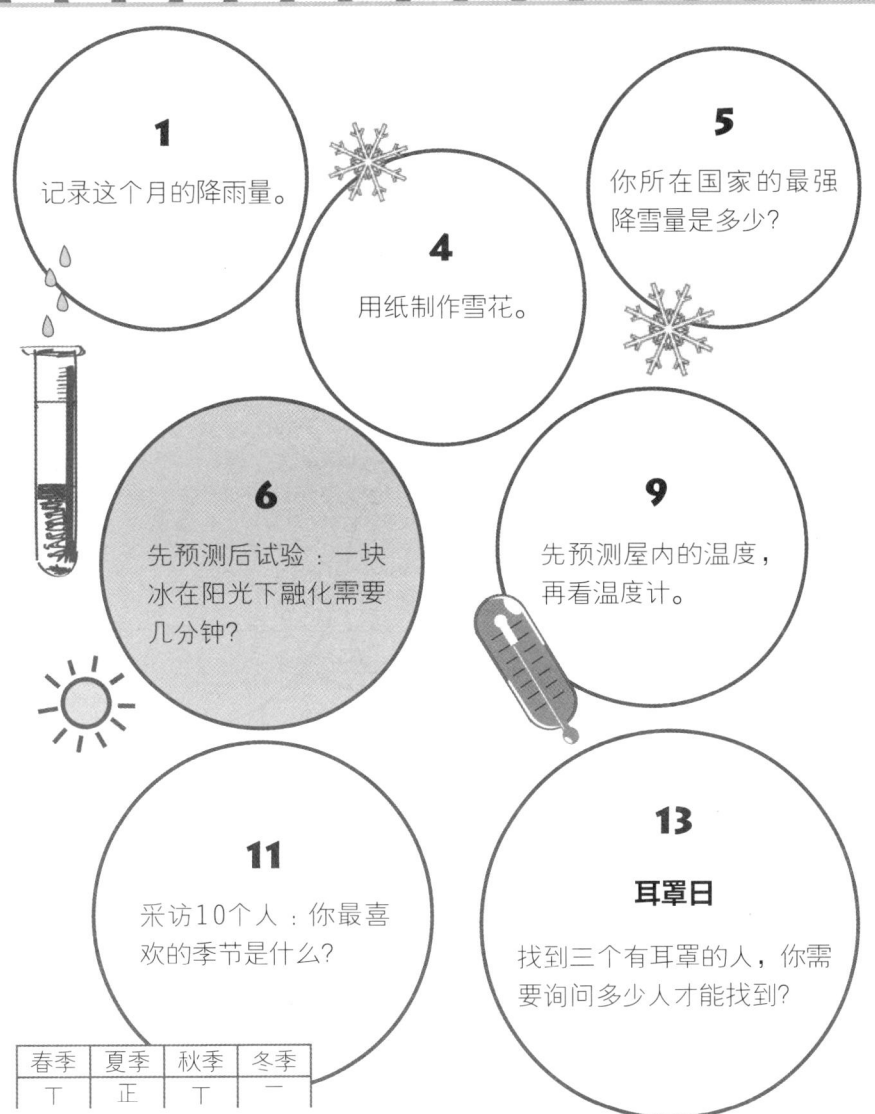

FOOD FIGHTS, PUZZLES, AND HIDEOUTS: GAMES, PROJECTS, AND ACTIVITIES THAT MIX IN MATH

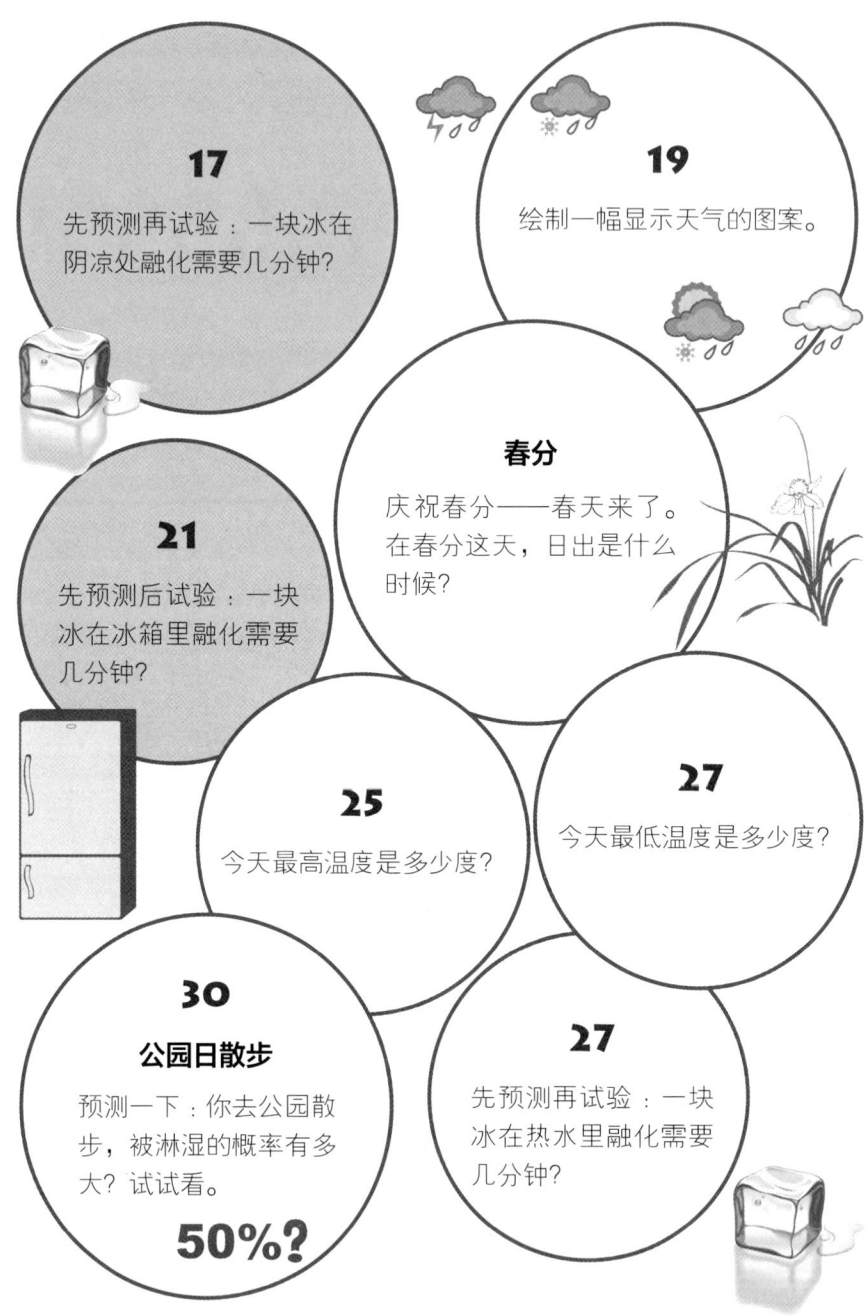

17 先预测再试验：一块冰在阴凉处融化需要几分钟？

19 绘制一幅显示天气的图案。

春分 庆祝春分——春天来了。在春分这天，日出是什么时候？

21 先预测后试验：一块冰在冰箱里融化需要几分钟？

25 今天最高温度是多少度？

27 今天最低温度是多少度？

30 公园日散步 预测一下：你去公园散步，被淋湿的概率有多大？试试看。 50%?

27 先预测再试验：一块冰在热水里融化需要几分钟？

要想知道更多的天气情况，参看"为生活打分"，用–2到2之间的数字为今天的天气打分。不要忘了为春天来临"倒计时"呦。

四月
抓住诗歌的节拍

1 愚人节
今天别忘了捉弄别人哦!

2
为你喜欢的数字写首诗吧!

4
你能找到多少和"day(天)"押韵的单词?

6
编一首含三音节词的诗歌。

J	O	S	E				
	J	O	S	E			
		J	O	S	E		
E			J	O	S	E	
S	E			J	O	S	E
O	S	E			J	O	S
J	O	S	E			J	O
	J	O	S	E			J

10
用你的名字做一个表格。

12
英语中一共有多少个单词?

14 国际欢笑日
你能讲一个让别人笑一分钟的笑话吗?

FOOD FIGHTS, PUZZLES, AND HIDEOUTS: GAMES, PROJECTS, AND ACTIVITIES THAT MIX IN MATH

16 编一首含四音节词的诗歌。

19 编一首含五音节词的诗歌。

20 写一首由17个词语组成的俳句：第一行五个词语，第二行七个词语，第三行五个词语。

22 地球日 用回收的废纸制造一座小房子。

24 编一首含七音节词的诗歌。

23 编一首含六音节词的诗歌。

27 故事节 故事接龙：第一个人说两个单词，第二个人说三个，第三个人说四个，依次类推，越长越好。

我吃。
我吃苹果。
我吃红苹果。

25 写一个回文句，不管从前向后读还是从后向前读都一样。

蜜蜂酿蜂蜜

更多关于文字和数字形式的游戏，可详见"填字母，组名字"、"神秘数字"、"制作故事书"和"报数考反应"。

五月
走进大自然

2 这个月的朔日是几号?

5 养一棵植物,每周测量一次生长状况。

7 本月月圆之日是几号?

9 一个苹果里有多少粒籽?猜一下,然后切开看一看。

11 距离夏至还有几天?

13 蛙跳日
你做几个蛙跳就可以穿过这个房间?

16 你的植物长多高了?

18 你所找到的影子中最长的有多长?

FOOD FIGHTS, PUZZLES, AND HIDEOUTS: GAMES, PROJECTS, AND ACTIVITIES THAT MIX IN MATH

25 你的植物长多大了?

21 今天几点日落?

母亲节
每年五月份的第二个星期日是母亲节。写一首关于母亲的诗。

22 用叶子摆一个特殊形状。

23 你的植物一周能长30厘米多吗?

27 你的植物在哪一周长得最快?

端午节
农历五月初五是爱国诗人屈原自尽之日,人们将之称为端午节。你能背诵几首屈原的诗歌?

31 今天你在室外玩了多长时间?

想了解更多大自然的知识吗?和贝壳,扇贝或者岩石一起"猜物品";在"种植物"和"合作编故事"中玩关于动植物大小的游戏;为野生动植物慈善事业捐款的"攒钱计划"游戏。

六月
研究动物

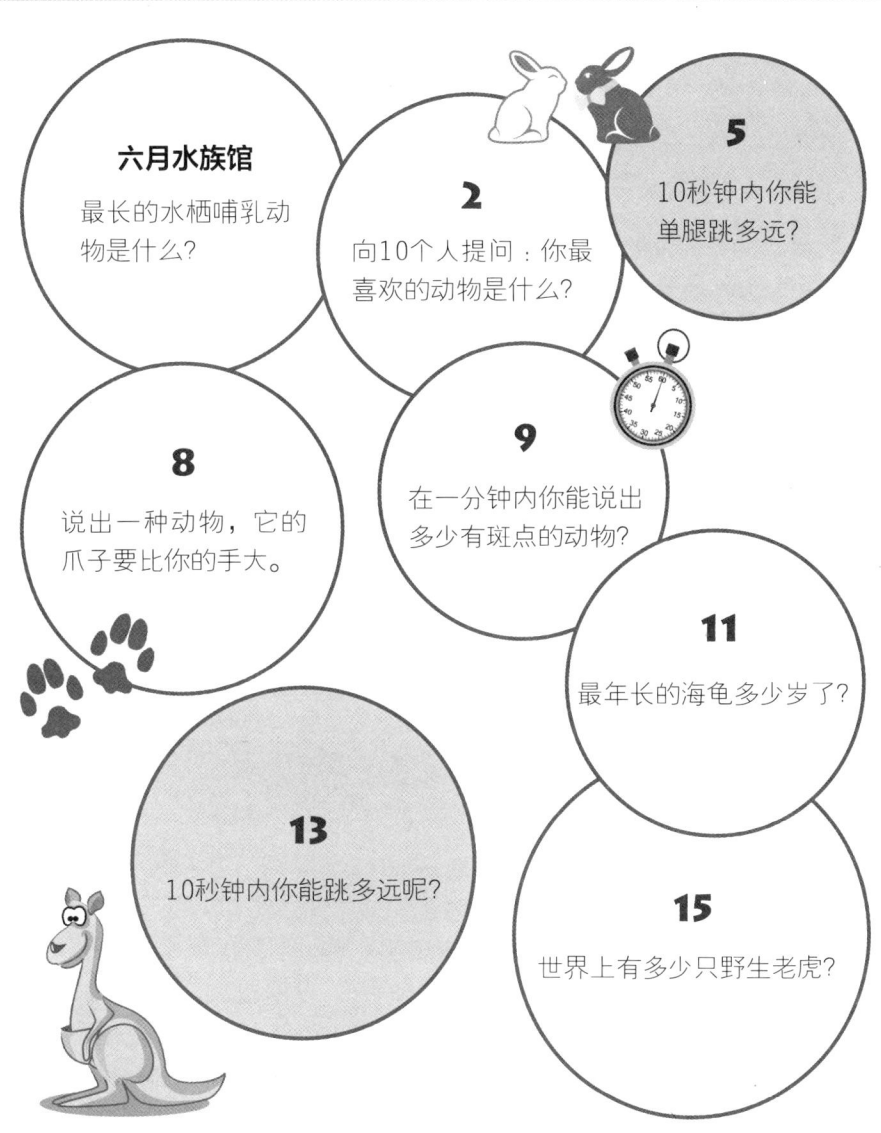

六月水族馆

最长的水栖哺乳动物是什么?

2

向10个人提问:你最喜欢的动物是什么?

5

10秒钟内你能单腿跳多远?

8

说出一种动物,它的爪子要比你的手大。

9

在一分钟内你能说出多少有斑点的动物?

11

最年长的海龟多少岁了?

13

10秒钟内你能跳多远呢?

15

世界上有多少只野生老虎?

FOOD FIGHTS, PUZZLES, AND HIDEOUTS: GAMES, PROJECTS, AND ACTIVITIES THAT MIX IN MATH

18
大型乌贼的眼球有多大?

20
10秒钟内你能爬多远呢?

21
最长的恐龙有多长?

父亲节
六月的第三个星期日是父亲节。为父亲写一首赞美诗。

夏至
庆祝夏天的到来,夏至这天,白昼有几个小时?

27
你和树懒比,谁睡得多?

25
10秒钟内你能游多远呢?

30
10秒钟内你能跑多远呢?

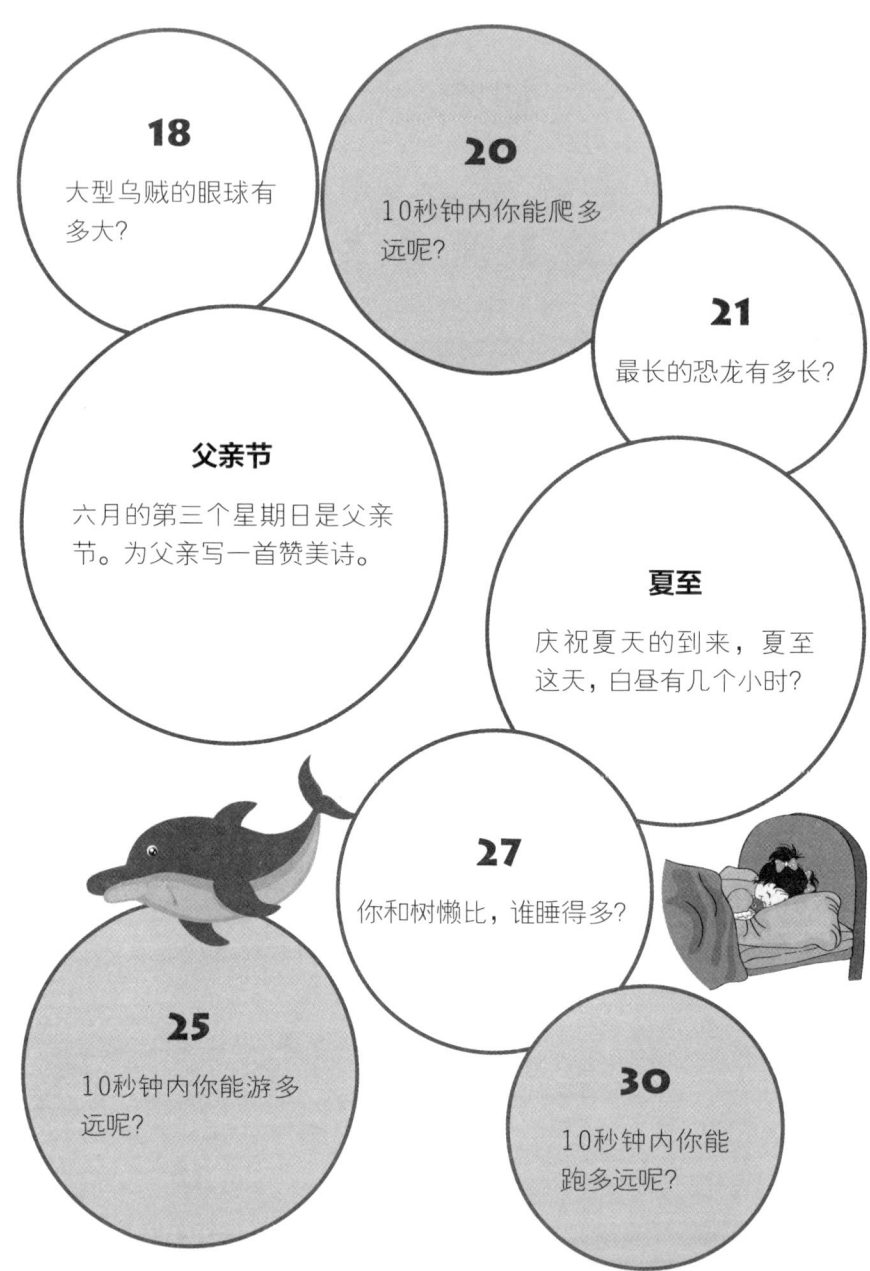

想在动物世界里继续探索吗?在"制作大家伙"游戏中你可以拓宽视野,这里有小虫和蜘蛛;再看一下"加倍加量"游戏,这里有野生鸟类食谱;你还会为"动物奥运会"而动心。

七月
硬币游戏

2
用不同的硬币凑够26分,有几种方法?

4
香港回归纪念日
香港是什么时候回归祖国的?

6
本月坚持每天收集硬币,在月末进行捐款,做慈善。

7
你找到的年份最久远的硬币是哪一年的?

12
抛十次硬币,有几次正面向上?

11
交友日
和想交朋友的人玩硬币游戏。

13
要想硬币有十次反面向上,你需要抛几次?

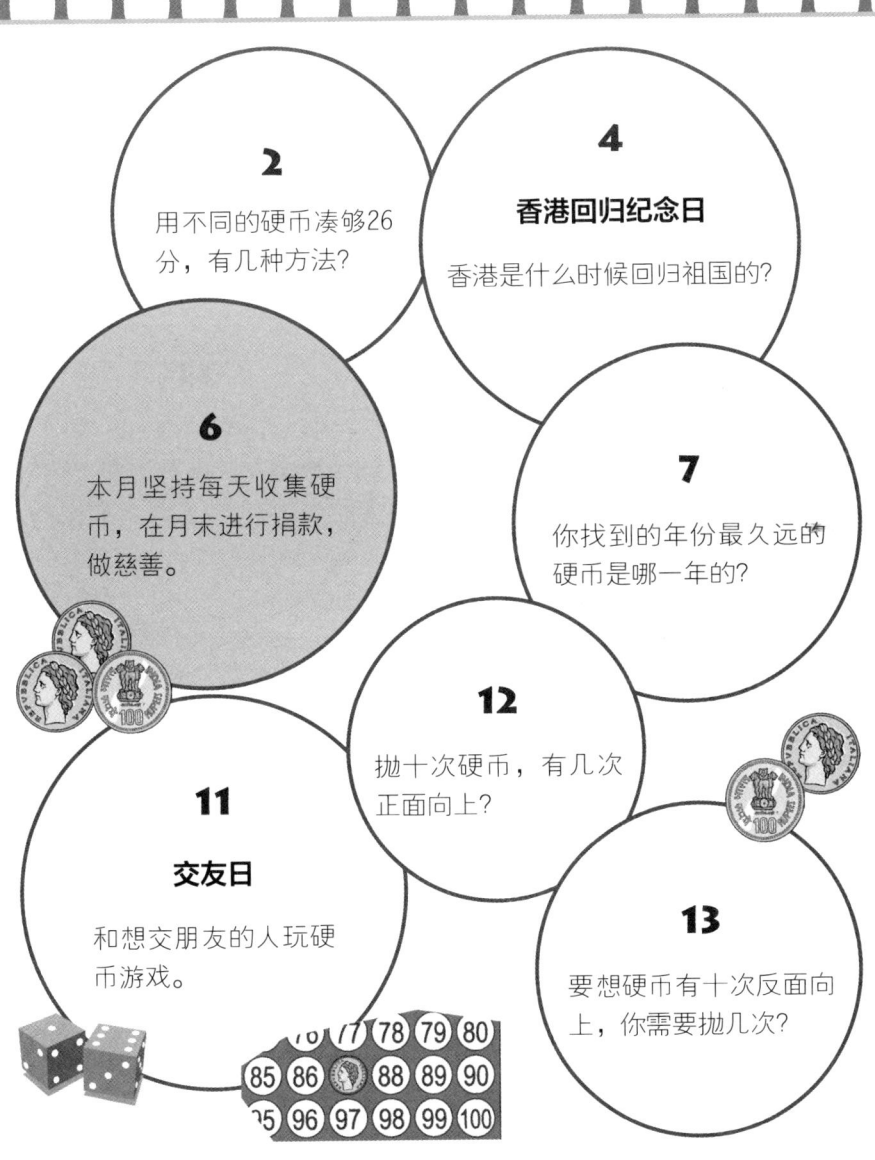

FOOD FIGHTS, PUZZLES, AND HIDEOUTS: GAMES, PROJECTS, AND ACTIVITIES THAT MIX IN MATH

16 继续收集硬币，估计一下，月末你能收集多少？

18 同时抛三枚硬币，要抛多少次三枚硬币才能全部正面朝上？

20 在房间找价值5元—25元的东西？

22 到现在为止，你有多少硬币？

23 同时抛两枚硬币，要想全部正面朝上需要抛几次？

25 数一数，到现在为止，你攒了多少硬币？

26 "随心所欲"日
抛一枚硬币来做决定。

29 最后再数一遍，硬币总数符合你的预期值吗？去捐款吧！

更多关于硬币的游戏，请看"抢硬币"，"取硬币"，"猜面值"，用世界各地的硬币玩"猜物品"，"攒钱计划"，"派对策划"等游戏。

八月
发挥想象力

1 离开学还剩几天呢?

3 你一生中,去月球的可能性是多少?

20%?

6 盖一座和自己一样高的塔,谁会住在里面呢?

9 爱书日
想象一下你是时间旅行者,遇见了100年前的同龄小朋友。你能带回十本书与大家分享,你会带哪几本书呢?

11 让我们用数字11和想象出来的动物来编一个小故事吧?

12 提问10个人:你希望自己6米高还是0.5米高?

6米高	0.5米高
正	正

14 你床底下那个友好的怪兽朋友比你还重吗?

FOOD FIGHTS, PUZZLES, AND HIDEOUTS: GAMES, PROJECTS, AND ACTIVITIES THAT MIX IN MATH

15
在接下来的10分钟里，走进来一位长着两个脑袋的朋友的可能性是多少？
1%？

17
你去学校常走的那条路上长了一棵巨大的豌豆秧，你不得不走一条新路去学校，那么为你的新路线画张地图吧。

19
你第一天上学就迟到的可能性是多少？
0%？

20
如果你有现在的两倍高，你够得到天花板吗？

22
牙仙日
你已经掉了几颗牙齿了？

23
飞行日
想象一下你是一只飞出窗外的风筝，飞得高高的，甚至超过了你家屋顶。那么当你低头往下看时能看到什么呢？把它画下来吧。

26
明天太阳会升起的可能性是多少呢？
99%

30
用一张方格纸为你的树屋设计平面图吧。

"搭建藏身处"、"垒土豆"、"盖滑梯"、"制作故事书"、"制作大家伙"，以及"合作编故事"等部分能充分发挥你的想象力哦。

九月
环游世界

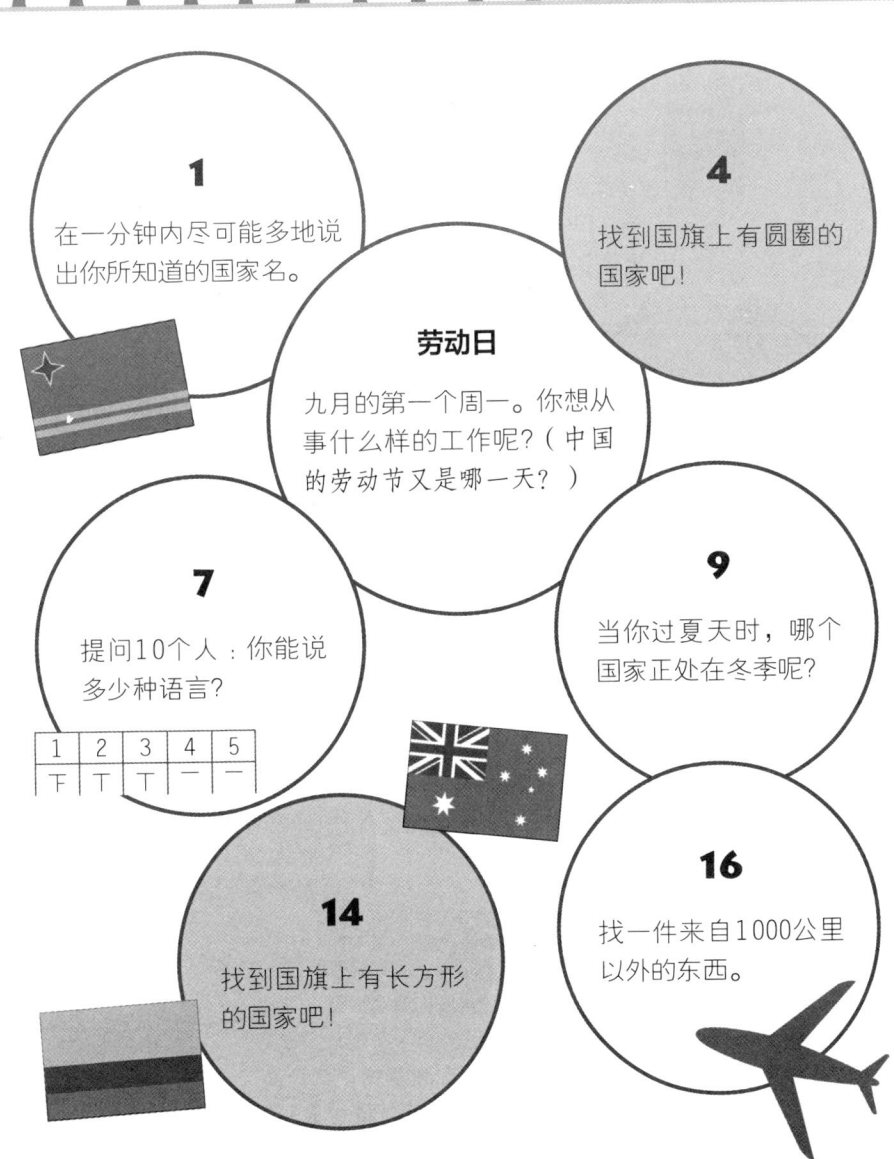

1
在一分钟内尽可能多地说出你所知道的国家名。

4
找到国旗上有圆圈的国家吧!

劳动日
九月的第一个周一。你想从事什么样的工作呢?(中国的劳动节又是哪一天?)

7
提问10个人:你能说多少种语言?

1	2	3	4	5
下	下	下	一	一

9
当你过夏天时,哪个国家正处在冬季呢?

14
找到国旗上有长方形的国家吧!

16
找一件来自1000公里以外的东西。

FOOD FIGHTS, PUZZLES, AND HIDEOUTS: GAMES, PROJECTS, AND ACTIVITIES THAT MIX IN MATH

17 找到国旗上有三角形的国家吧!

19 如果你所在城市正值中午,那英国伦敦是什么时间呢?

21 今天国内有哪些地方的气温会低于30度呢?

23 找到国旗上有星星的国家吧!

秋天的第一日 让我们庆祝秋天和秋分的到来。在这一天太阳什么时候下山呢?

27 用旗子玩"猜物品"游戏吧!

我觉得中国国旗符合条件。

29 制作属于自己的旗帜吧!

这面旗帜上有三角形吗?

30 找到国旗上有对角线的国家吧!

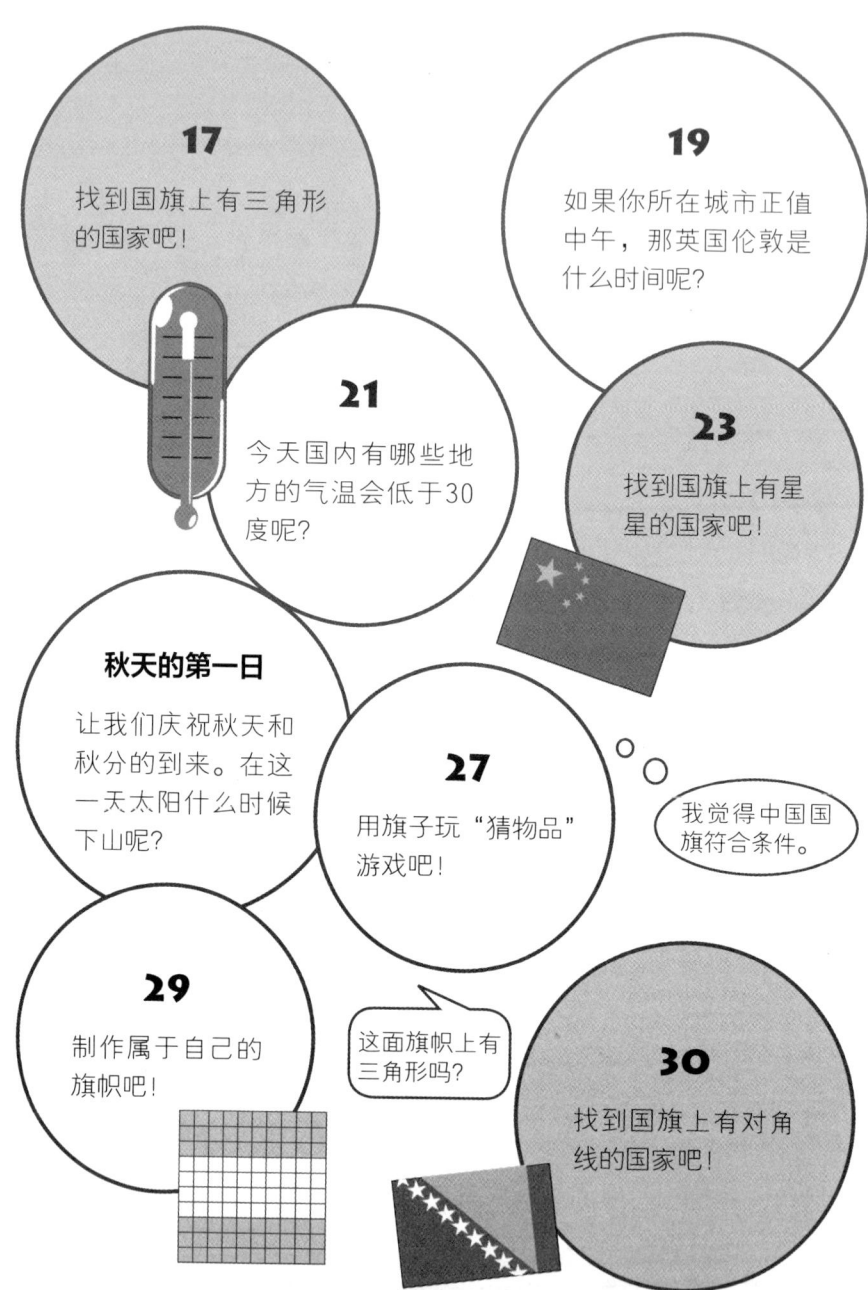

在日常生活中了解世界,用国外的硬币或邮票玩"猜物品"游戏,用母语以外的语言"倒计时",用来自远方的菜单来玩"加倍加量"游戏。

十月
破解代码

1 国庆节

你知道中国的国庆节是哪一天吗？到今年为止，已经是国庆第几周年了？

3

为你名字中的每个字母都发明不同样式的代码吧！

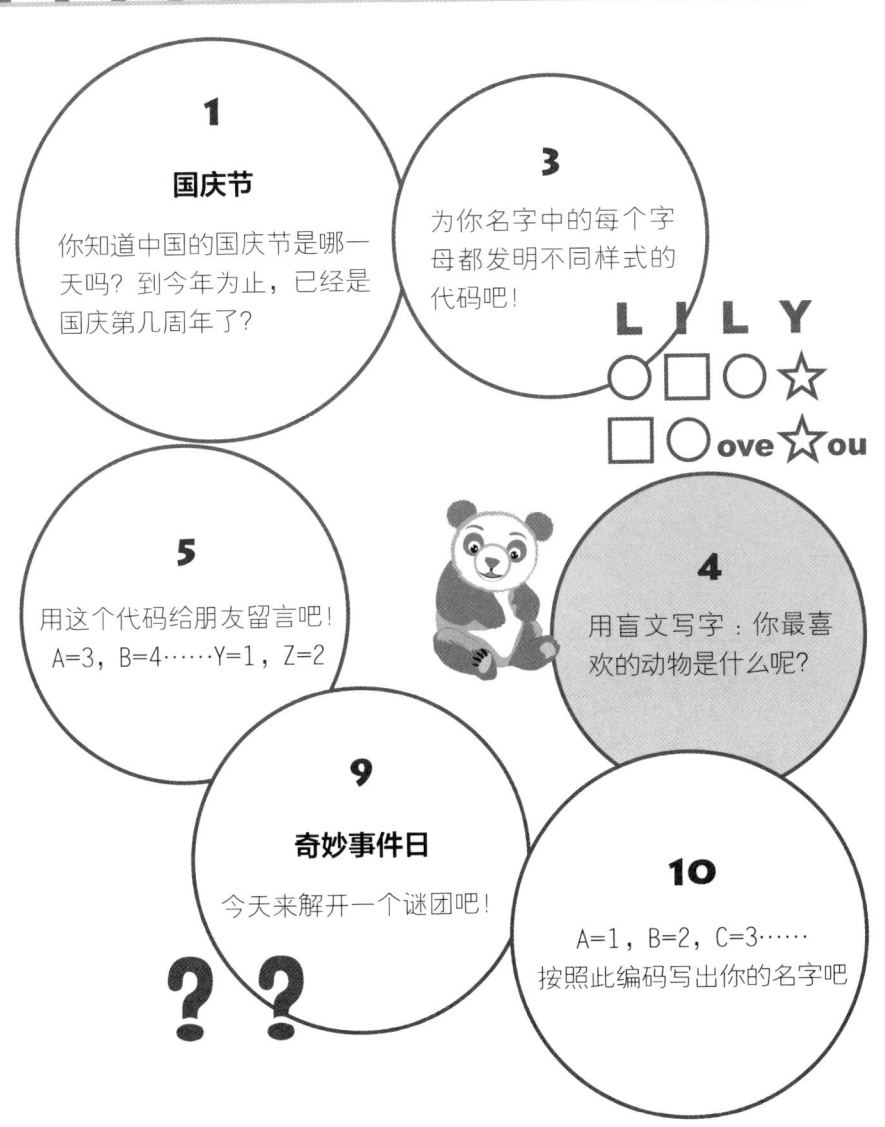

5

用这个代码给朋友留言吧！
A=3，B=4……Y=1，Z=2

4

用盲文写字：你最喜欢的动物是什么呢？

9 奇妙事件日

今天来解开一个谜团吧！

10

A=1，B=2，C=3……
按照此编码写出你的名字吧

FOOD FIGHTS, PUZZLES, AND HIDEOUTS: GAMES, PROJECTS, AND ACTIVITIES THAT MIX IN MATH

12 用盲文写字：你最喜欢的游戏是什么呢？

14 用"镜像书写"的方式写一条信息怎么样？

I LOVE YOU (镜像)

18 用盲文写字：你最喜欢的季节是什么？

22 用顺序颠倒的阿拉伯字母写自己的名字吧！
A=Z，B=Y，C=X，……Y=B，Z=A

24 用盲文写字：你最喜欢的颜色是什么呢？

26 数扣子日
用二进制方法数一数你的扣子有多少？

31 一个南瓜里会有多少种子呢？猜一下，然后亲自数一数来验证吧！

用二进制方法来数，我有11颗扣子。

要想继续做编码练习，用"制作故事书"游戏来写一本数数书，还可以用加了编码的名字玩"填字母，组名字"游戏。

十一月
我来做主厨

2 找圆形日
在你家的冰箱里能找到多少个圆形呢?

3
最沉的南瓜到底有多重?

5
在厨房里找到位于17和37之间的一个数字。

8
需要多少汤匙的水才能装满一个小杯子呢?

11
找出三种含糖量少于20克/份的食物吧!

13
提问10个人:你喜欢胡萝卜还是玉米呢?

17
需要多少汤匙的水才能装满1/2量杯呢?

19
将一份菜单中的分量变成三倍。

什锦杂果
一杯谷物
1/2杯葡萄干
1/4杯南瓜籽

FOOD FIGHTS, PUZZLES, AND HIDEOUTS: GAMES, PROJECTS, AND ACTIVITIES THAT MIX IN MATH

20 如果可以在杂货店里花100元购物，你会买什么呢？

22 一分钟内你能说出几种蔬菜的名字呢？

感恩节 11月的第四个星期四。列出10个你想感恩的对象吧！

我吃了法式土司，很棒的味道，是2分！

我吃了麦片，是0分，味道一般吧。

25 需要多少汤匙的水才能装满一个咖啡杯呢？

27 与你的一位朋友平分一个橘子吧！

28 用−2到2之间的数字为你的早餐打个分吧！

29 需要多少汤匙的水才能装满一个谷物碗呢？

30 找到一份含钠量少于100毫克的食物吧！

更多食物游戏请参考"食物游戏"部分。

十二月
来做游戏吧

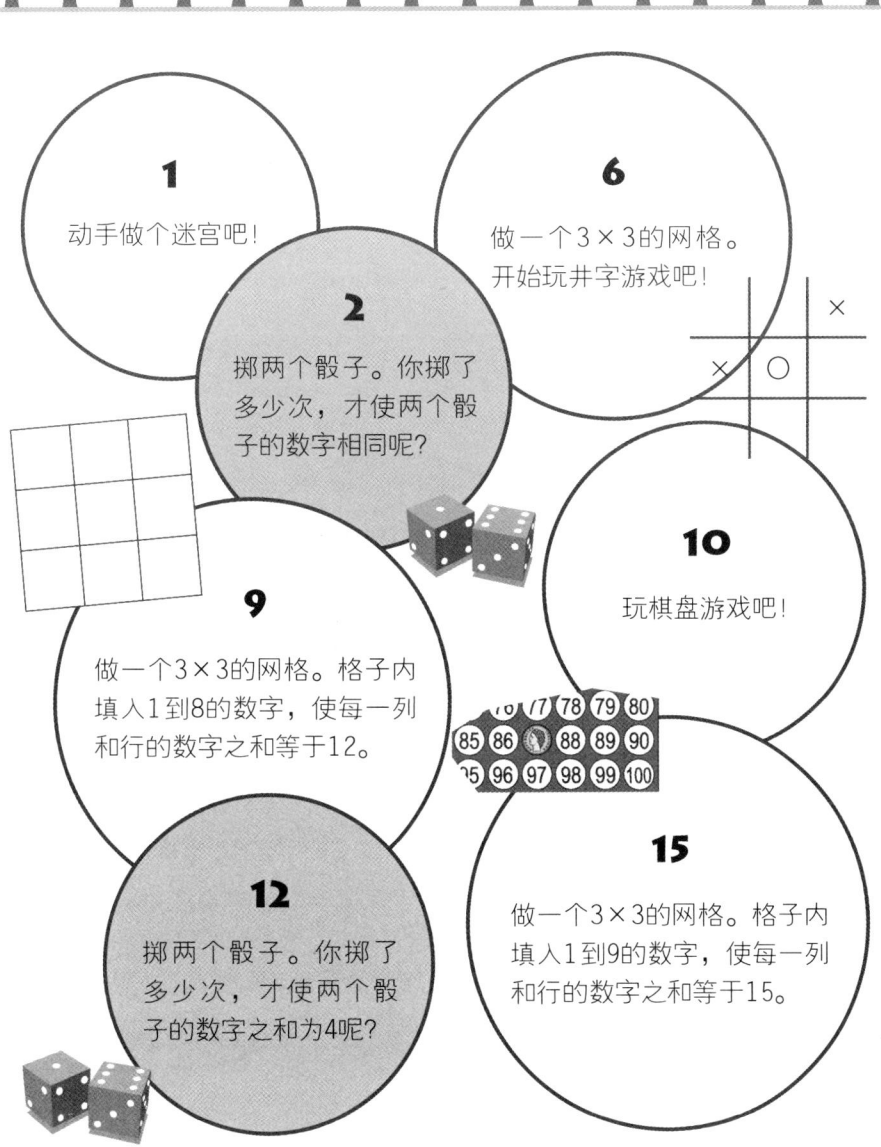

1 动手做个迷宫吧！

2 掷两个骰子。你掷了多少次，才使两个骰子的数字相同呢？

6 做一个3×3的网格。开始玩井字游戏吧！

9 做一个3×3的网格。格子内填入1到8的数字，使每一列和行的数字之和等于12。

10 玩棋盘游戏吧！

12 掷两个骰子。你掷了多少次，才使两个骰子的数字之和为4呢？

15 做一个3×3的网格。格子内填入1到9的数字，使每一列和行的数字之和等于15。

FOOD FIGHTS, PUZZLES, AND HIDEOUTS: GAMES, PROJECTS, AND ACTIVITIES THAT MIX IN MATH

17
掷两个骰子。你掷了多少次,才使两个骰子的数字之和为7呢?

15
做一个3×3的网格。选三种颜色,在格子内涂上颜色,使每种颜色在每一列和行中都只出现一次。

20
掷两个骰子。你掷了多少次,才使两个骰子的数字之和为12呢?

冬至日
让我们庆祝冬天的到来。在这一天日照时间是多少小时呢?

25
圣诞节
今天与家人玩卡片游戏吧!

27
只用数字4,通过计算得出1到10之内的所有数字。不过要尽量少用数字4哦。

$3 = (4+4+4) \div 4$
$2 = \cdots\cdots$

29
掷两个骰子。你能得出两个连续的数字吗?

31
新年钟声敲响前,我们一起倒数吧!

还想再玩游戏? 参考"数字游戏"部分。

100天纪念
百日庆祝

游戏

用100个硬币玩"取硬币"、"抢占100",和"神秘数字"游戏。

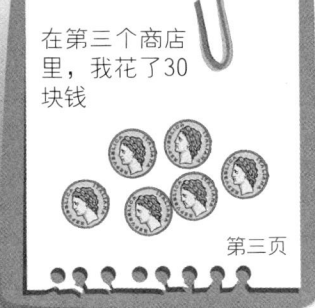

动手制作

制作故事书：10个数一组或者10个骰子一组数数。
制作大家伙：各边长扩大10倍，面积增大100倍。
攒钱计划：看看攒100元钱要用多久。
用100根牙签和100个橡皮糖搭建一个和自己一样高的楼塔。

FOOD FIGHTS, PUZZLES, AND HIDEOUTS: GAMES, PROJECTS, AND ACTIVITIES THAT MIX IN MATH

食物游戏

猜籽数:哪样水果有100颗籽?猜一下,切开数一数,然后吃掉它!

用100块钱策划一场派对。

找到一本书的第100页。

团队游戏

报数考反应:自己定规则。

合作编故事:用100分钟,100厘米和100块钱编个故事。

拼图游戏:用到数字100,找到带数字"100"的东西,高100厘米的东西和价值100元钱的东西。

随时随地

倒计时:100个小时倒计时。

分秒必争:预测画100个星星要花多长时间,然后试试看。

数学标准：共同核心联系

本书中的游戏、项目和活动涵盖小学教育"各州共同核心标准"的关键主题。下文中的图表以及扩展游戏适宜于各个年级的数学内容标准。图表中打钩项反映了本书中每个游戏、项目和活动中孩子们探究的内容以及使用的策略。图表涵盖小学数学教育内容标准的全部范围。

许多孩子将受益于为低年级生量身打造的游戏、项目和活动体验。本书涉及的方法给类似主题提供新视角，并同时涵盖不分年级的教学实践标准的丰富内容。

本书可作为数学课程的补充教材，让孩子提早接触学校教学的内容，利用在学校中学习的技能亲身参与实践，有助于建立学习数学的积极性，了解数学与日常生活的联系。

FOOD FIGHTS, PUZZLES, AND HIDEOUTS: GAMES, PROJECTS, AND ACTIVITIES THAT MIX IN MATH

		幼儿园					一年级			
		算数与数量	运算和代数思维	10以内算数	测量与数据	几何	算数与数量	10以内算数	测量与数据	几何
数字游戏	封锁游戏									
	算面值	✓	✓				✓			
	抢占100	✓	✓	✓			✓	✓		
	猜面值	✓	✓	✓		—	✓	✓		
	填字母，组名字									
	猜物品				✓	✓			✓	✓
	"抢硬币"	✓	✓				✓			
	"抢银行"									
	得七游戏									
	神秘数字	✓		✓			✓	✓		
	取硬币	✓	✓	✓			✓			
动手制作	搭建藏身处				✓	✓			✓	✓
	猜数量	✓		✓			✓			
	猜数量（升级）									
	制作大家伙									
	种植物				✓				✓	
	攒钱计划	✓	✓	✓			✓	✓		
	垒土豆				✓	✓			✓	
	自制拼图									
	盖滑梯									
	制作故事书	✓	✓				✓			

● 教学标准

		幼儿园					一年级			
		算数与数量	运算和代数思维	10以内算数	测量与数据	几何	算数与数量	10以内算数	测量与数据	几何
食物游戏	加倍加量	√	√		√		√			
	平均分配	√	√				√			
	食物大战									
	派对策划									
	猜食物									
	猜食用量									
	测量大小				√	√			√	
	猜籽数	√	√				√	√		
团队游戏	动物奥运会				√				√	
	合作编故事									
	学习测量	√	√		√		√		√	
	寻人游戏	√		√		√			√	√
	报数考反应	√	√	√			√	√		
	一起排队	√			√				√	
	拼图游戏	√			√				√	
	快速问答	√			√				√	
	筑塔游戏				√	√			√	√
	分组游戏	√	√				√	√		
随时随地	倒计时	√					√			
	分秒必争	√	√						√	
	为生活打分				√				√	
	数一数	√			√		√	√		
	整理游戏	√	√	√			√	√		
	墙壁寻宝	√				√	√			√

FOOD FIGHTS, PUZZLES, AND HIDEOUTS: GAMES, PROJECTS, AND ACTIVITIES THAT MIX IN MATH

		二年级				三年级				
		运算和代数思维	10以内算数	测量与数据	几何	运算和代数思维	10以内算数	分数与运算	测量与数据	几何
数字游戏	封锁游戏	✓			✓	✓	✓		✓	
	算面值	✓		✓						
	抢占100	✓	✓				✓			
	猜面值	✓	✓	✓		✓	✓			
	填字母，组名字	✓				✓				
	猜物品			✓	✓				✓	
	"抢硬币"	✓								
	"抢银行"					✓		✓		
	得七游戏	✓				✓				
	神秘数字	✓				✓				
	取硬币									
动手制作	搭建藏身处			✓	✓				✓	
	猜数量	✓							✓	
	猜数量（升级）									
	制作大家伙			✓					✓	
	种植物			✓					✓	
	攒钱计划	✓	✓	✓		✓	✓			
	垒土豆			✓						
	自制拼图	✓		✓	✓	✓			✓	✓
	盖滑梯			✓					✓	
	制作故事书	✓		✓		✓		✓		

教学标准

		二年级				三年级				
		运算和代数思维	10以内算数	测量与数据	几何	运算和代数思维	10以内算数	分数与运算	测量与数据	几何
食物游戏	加倍加量	✓		✓		✓		✓	✓	
	平均分配	✓						✓		
	食物大战								✓	
	派对策划	✓	✓			✓	✓			
	猜食物									
	猜食用量			✓					✓	
	测量大小								✓	
	猜籽数	✓				✓				
团队游戏	动物奥运会			✓					✓	
	合作编故事			✓				✓	✓	
	学习测量	✓	✓	✓		✓	✓		✓	
	寻人游戏			✓				✓		✓
	报数考反应	✓	✓			✓				
	一起排队									
	拼图游戏			✓	✓			✓		✓
	快速问答			✓					✓	
	筑塔游戏			✓	✓				✓	✓
	分组游戏	✓				✓				
随时随地	倒计时	✓	✓			✓	✓			
	分秒必争	✓	✓							
	为生活打分			✓			✓			
	数一数	✓								
	整理游戏	✓	✓			✓	✓		✓	
	墙壁寻宝	✓			✓					✓

FOOD FIGHTS, PUZZLES, AND HIDEOUTS: GAMES, PROJECTS, AND ACTIVITIES THAT MIX IN MATH

		四年级					五年级				
		运算和代数思维	10以内算数	分数与运算	测量与数据	几何	运算和代数思维	10以内算数	分数与运算	测量与数据	几何
数字游戏	封锁游戏					√					
	算面值										
	抢占100										
	猜面值	√									
	填字母，组名字	√					√				
	猜物品				√					√	
	"抢硬币"										
	"抢银行"			√							
	得七游戏	√					√				
	神秘数字	√					√				
	取硬币										
动手制作	搭建藏身处				√					√	
	猜数量										
	猜数量（升级）		√					√	√		
	制作大家伙			√	√				√	√	
	种植物										
	攒钱计划	√	√		√		√				
	垒土豆										
	自制拼图	√			√				√		
	盖滑梯				√	√				√	√
	制作故事书	√		√					√		

教学标准

		四年级					五年级				
		运算和代数思维	10以内算数	分数与运算	测量与数据	几何	运算和代数思维	10以内算数	分数与运算	测量与数据	几何
食物游戏	加倍加量	√		√					√	√	
	平均分配										
	食物大战		√		√			√		√	
	派对策划	√			√						
	猜食物		√	√	√			√		√	
	猜食用量										
	测量大小				√					√	
	猜籽数										
团队游戏	动物奥运会										
	合作编故事			√	√				√	√	
	学习测量	√	√				√	√		√	
	寻人游戏					√					√
	报数考反应	√		√			√	√	√		
	一起排队										
	拼图游戏										
	快速问答				√					√	
	筑塔游戏				√	√				√	
	分组游戏										
随时随地	倒计时	√									
	分秒必争										
	为生活打分		√					√			
	数一数	√									
	整理游戏										
	墙壁寻宝					√					√

各方赞誉

"寓数于乐"是特罗韦课后课程非常有价值的补充材料,因为它让孩子和家长既学到了数学,又享受了乐趣。对于我们来说这都是一次丰富的体验,不管我们是图书管理员,孩子,还是家长。它提高了我们将基本数学技能运用于日常生活的意识。对于儿童图书管理员来说,这种方式既可以训练孩子的读写能力,又能培养他们的数学技能。

——黛博拉·加菲,

儿童图书管理员,怀特平原纽约公共图书馆-特罗韦

"寓数于乐"中有各种各样的游戏,大游戏小游戏,或复杂或不需任何材料——孩子、教师或是家长都将从中获益。在数学教育的框架内,这些活动激发出了无限创意。

——艾丽·格斯腾劳尔,

波斯顿地区家庭作业助手与课后教职员发展者

"寓数于乐"活动让孩子们知道数学不仅重要,而且有趣。对于每种结构化活动的项目类型,都是巨大的资源。

——费德拉·拉撒·维斯,

高级研究助理,格罗斯公司

反思性教学
一个已被证明能让所有教师做到最好的培训项目

ISBN：9787515347837

著者：(英)安德烈·波拉德、克里斯廷·布莱克-霍金斯、加布里埃尔·克利夫·霍奇斯等

出版社：中国青年出版社

定价：49.00元

- 全英国中小学教师培训和教学实践人手一册的必读经典
- 自出版以来，以教育界无可比拟的地位持续畅销30年
- 教师职业技能发展、学校校本培训热门团购图书
- 第四版融合了最新研究成果与教学经验

　　《反思性教学》是由英国剑桥大学教授安德鲁·波拉德联袂英国数十位教育专家、研究全球卓越教师出色的教学实践，从中整理归纳出的一套实用手册，自第一次出版以来已畅销30年。这本经过修订的第四版融合了最新的研究成果与教学经验，是全英国中小学教师培训和教学实践人手一册的必读教材，能帮助新教师快速上手，迅速提升教学技能；帮助老教师沉淀教学经验，获得职业升华；帮助学生真正学会学习，发挥出最大潜力。

　　反思性教学，即对自己教育行为乃至教育细节的追问、审视、推敲、质疑、批判、肯定、否定……反思对教学质量与成效至关重要，它是教师实现自我提升与卓越教学最有效的途径。本书指导教师卓有成效地反思教学全过程的方方面面——课程规划、教学策略、师生关系、学生课堂行为、成果评估……

- 包含引人入胜的案例+高效实用的反思技巧+清晰简便的反思活动练习；
- 帮助教师真正理解教学方法，更新教学观念，掌握教学真谛，以高质量的教学带动学生高质量的学习；
- 最终实现：让教师因善于思考而不断提升与进步，让学生因学会学习更热爱学习；
- 全球千万名教师因为反思获益无穷，实践过反思性教学的教师都认为，这是提升教学水平最长效的一种手段。

卓越教师的200条教学策略

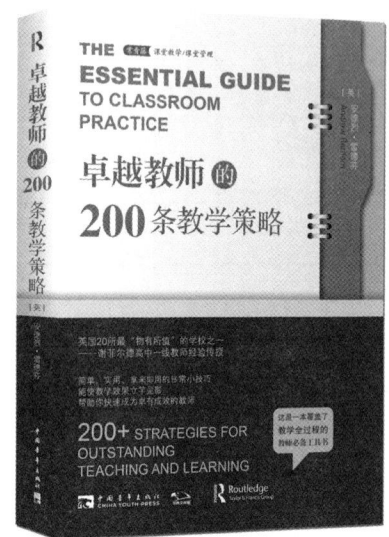

ISBN：9787515340401
著者：(英)安德烈·雷德芬
出版社：中国青年出版社
定价：35.00元

- 高效：每一个方法简单易学，步骤清晰，拿来即用，能使教学效果立竿见影。
- 全面：从制定教学计划到把握课程进度，再到课后评估，覆盖教学每一个环节。
- 权威：作者来自英国20所最"物有所值"的学校之一，一线教学经验丰富。

《卓越教师的200条教学策略》关注的是教师们在日常教学中最想解决而又棘手的难题：什么样的策略是有效的？我们又该如何实施它们？

本书为教师提供了200条与教学相关的实用策略、方法或行动建议，清晰地解释了每一种方法的步骤、优点与窍门，读完即可运用到日常教学中。利用这些策略，你可以轻松掌握卓越教学的每一个环节：

- 制定完美的课堂计划
- 激发学生的思考能力
- 让每一个学生都参与学习
- 鼓励合作学习，改善学生课堂表现
- 开展分层教学，因材施教
- 实施有效的测评与反馈

此外，每一个主题都总结了便于查阅的10个方法，比如，有助于全面了解学生的10个数据、在课堂上有效测评学生进度的10个方法，高效批改作业的10个好点子，等等。不管你是刚入门的新教师还是经验丰富的老教师，它将在你的教学生涯中给予你高效的指导。